# 내 마음이 보이니

| 최외선 · 이은주 공저 |

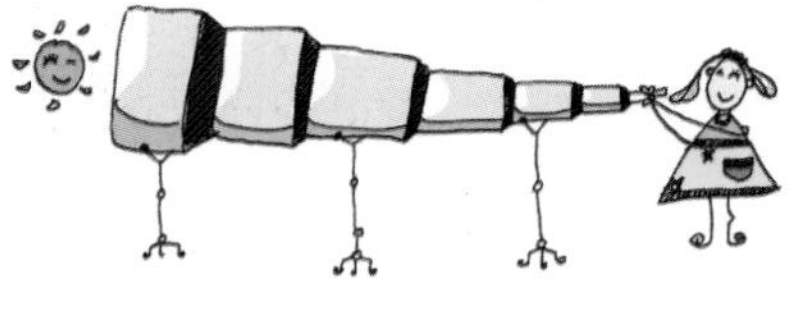

학지사

# 머리말

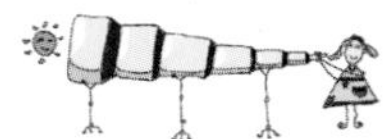

우리는 매일매일 색에 대해 반응하면서 살아간다. 계절과 함께 찾아오는 풀이나 꽃의 색을 보면서 그리운 추억에 빠지거나 평소와는 다른 색깔의 옷을 입어 봄으로써 기분 전환을 꾀하기도 한다. 이처럼 사람들은 자기도 모르는 사이에 색을 언어처럼 사용하여 자신의 감정을 표현하면서 살아간다.

색은 소위 말하는 컬러 랭귀지색채 언어로 감각이나 감정의 언어다. 이 색채 언어는 누구든 어려서부터 자연스럽게 익히고 있으며, 색채를 더듬어 가다 보면 결과적으로 그 당시 느꼈던 진짜 감정을 발견하게 되는 경우도 적지 않다. 또한 색이라는 것은 닫고 있던 기억의 문을 열어 버리는 경우가 있어서, 간혹 직면하고 싶지 않은 경험이나 사건들을 만나게 되기도 한다.

그렇다면 그림을 그리는 것 자체가 불안이나 스트레스를 어떻게 이완시켜 주는 것일까? 제시된 이미지에 그림을 그리는 작업은 사생寫生이기도 하며, 자유로운 낙서이기도 하여 기분을 활성화시키는 효과가 있다. 우리는 즐거운 이미지를 마음에 떠올리는 것만으로도 삶의 의욕을 느끼며, 떠오르는 상상을 그림으로 시각화함으로써 즐거워진다.

21세기에 들어 인간은 급속한 의학의 발달, 경제성장, 정보 매체의 다양화, 문화 예술의 증진 그리고 교육 수준의 향상 등에 힘입어 건강에 대한 관심이 날로 커지고 보편화되었다. 특히, 다양한 질병이 신체적인 측면의 결함에서 비롯되기도 하지만, 정신적 불균형 상태에서 기인하는 경우가 많다는 사실이 밝혀지면서 현대인은 정신건강에 주목하고 있다.

사회가 복잡해지면서 정상인에게도 일시적인 정신장애나 행동상의 문제들이 늘어가고 있으며, 정서 발달 및 행동의 부적응을 경험한 아동이나 청소년에 대한 관심과 지도가 절실히 요구되고 있다. 이는 단지 정신적 장애가 없는 상태의 추구에 그치는 것이 아니라, 정신건강의 증진에도 상당한 관심을 가져야 함을 시사한다.

따라서 이 책에서는 현대인이 추구하는 정신건강을 유지 · 증진시키기 위한 하나의 접근법인 미술치료에 관해 자세히 소개하고자 한다.

미술치료는 조형 활동을 통하여 개인의 갈등을 조정하고, 동시에 자기표현과 승화 작용을 통하여 자아 성장을 촉진하는 역할을 한다. 또한 정신장애인뿐만 아니라 정신적으로 건강한 이들에게도 자신에 대한 이해를 높임으로써 일의 능률을 더 높이고, 삶을 즐길 수 있게 하는 효과가 있다.

미술치료 과정은 미술 작품을 제작하는 과정에서 그림이나 다양한 미술 매체를 통해 내면의 감정을 표현하기 때문에 잠재적인 긴장이나 불안을 완화시켜 준다. 미술치료의 강점은 내담자들의 문제를 해결하는 데 있어 주로 언어적인 접근으로 이루어졌던 기존의 전통적인 상담과는 달리 비언어적인 접근도 함께 이루어진다는 것이다. 비언어적 의사소통은 무의식적이면서도 본능적인 성격이 강하고, 언어적 의사소통에 비해 그 표현 방법이 훨씬 더 구체적이고 직접적이어서 전달력이 크다고 할 수 있다.

일반 상담이나 미술치료를 할 때 종이를 내밀고 그림을 그려 달라고 부탁하더라도 망설임 없이 그림을 그리는 사람은 흔하지 않을 것이다. 이럴 때 그림 솜씨에 신경 쓸 필요가 없는 '그림 도안 워크북'을 사용하면 긴장을 풀어 주고 내면을 표현하기도 쉬우며, 색채를 매개로 편안한 분위기 속에서 대화를 나눌 수 있을 것이다. 색을 사용하는 데 익숙하지 못한 사람일지라도 도안지를 통해 손쉽게 시작해 볼 수 있으며, 색을 칠하는 그 자체가 주는 효과가 내담자의 긴장 상태를 완화해 주거나 힘을 북돋아 주는 일종의 치료 작용을 하는 것이다.

이 책은 모든 사람이 미술치료를 통해 자신의 갈등을 해결할 뿐만 아니라 집단 프로그램에서도 다양한 감정을 색과 그림, 문장으로 표현함으로써 자신의 내면을 알아 갈 수 있도록 정리하였다. 또한 미술치료 프로그램에 활용할 수 있도록 구체적인 내용의 도안지를 포함하였다.

도안지의 효과를 최대로 살리기 위해서는 대상이나 목적에 따라 적절히 고안된 도안지를 사용하여 유·아동, 청소년, 성인 등 각각의 수준에 맞추어야 하고 이들이 스스로의 감정을 색과 그림으로 자유롭게 표현할 수 있는 학습 환경을 조성해야 한다.

이 책은 저자들이 수년간 상담과 교육 현장에서 만난 유·아동, 청소년, 성인, 노인 등을 대상으로 하였다. 이들이 가정과 학교, 사회에서 경험하는 온갖 종류의 갈등과 두려움, 스트레스를 극복하고 문제를 해결하는 방법을 구체적이고 실질적으로 접근할 수 있도록 현장에서 직접 활용 가능한 도안들을 창의적으로 정리한 것이다.

감정 도안지는 기존에 소개되었던 기법이나 소재의 틀을 벗어나 누구나 쉽게 접근할 수 있도록 하였다. 그림과 글을 동시에 독창적으로 활용하도록 하였고, 모든 대상이 쉽고 편하게 접근하여 자신의 감정을 색과 그림으로 표출하고, 표출된 감정을 글로 정리하는 과정을 통해 자신을 되돌아볼 수 있게 하였다.

저자들은 오랫동안 불안감이나 초조한 기분으로 정신적인 부담을 안고 살아가는 사람들이 그림 도안지를 통해 자신의 불안과 공포의 감정을 발산하거나 다양한 이미지를 이끌어 낼 수 있기를 기대한다. 동시에 자신의 내면을 다시 느끼고, 자신을 새롭게 바라보는 계기가 되길 희망한다. 또한 상담과 교육 환경에서 열심히 뛰고 있는 수많은 치료자에게도 이 책이 유용하게 활용될 수 있기를 바란다.

끝으로 이 책의 도안지들을 병원이나 상담에서 실제로 적용해 보고 아낌없는 조언과 도움을 준 양진경, 박윤지, 정현정, 이은지, 백희진 선생과 이 책의 출판을 기꺼이 승낙해 주신 학지사 김진환 사장님, 교정과 편집을 위해 수고해 주신 박혜미 선생에게도 진심으로 감사드린다.

2011년 9월

저자 일동

# 차 례

## 다섯 번째 사 랑



## 여섯 번째 희 망



## 일곱 번째 열 정



## 여덟 번째 아 픔



## 아홉 번째 슬 픔



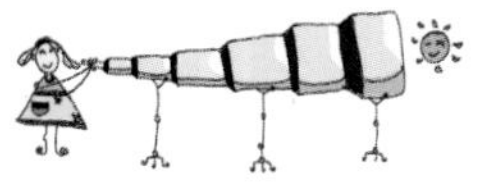

## 열여섯 번째 후 회



## 열일곱 번째 미안함



## 열여덟 번째 답답함



## 열아홉 번째 기 타



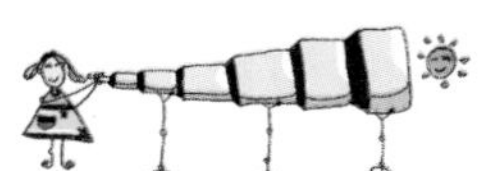

# 사 례

## 도깨비 방망이

나에게 기적이 일어난다면? 그림으로 표현해 보세요.

초등학교 2학년 여학생

이 아동은 또래에 비해 눈치를 많이 보고 자신감이 저하되어 내원한 아동으로 채색 후 다음과 같은 이야기를 했다. "돈이 많이 나왔으면 좋겠어요. 돈이 많아지면 내가 돈 다 써 버릴 거예요. 지금까지 사고 싶었던 것도 못 사고……. (엄마가 돈이 많이 없으니까) 사 달라는 얘기도 잘 못하고 참았어요. 속으로만 짜증을 냈어요."

## 내가 보는 세상

평소 눈을 통해 느끼는 감정을 색으로 표현해 보세요.

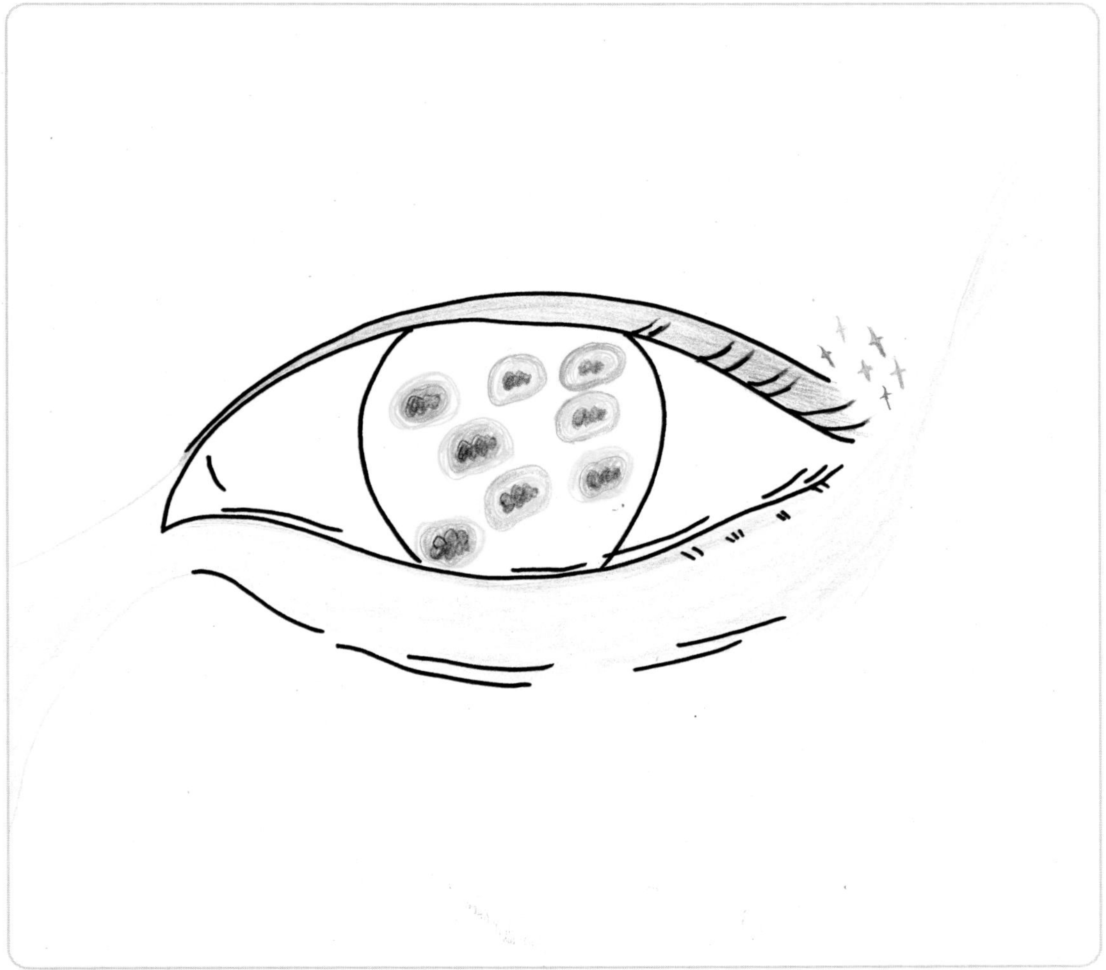

37세 여성

내담자는 한참 동안 그림을 바라보았다. 그리고 색연필로 채색을 하기 시작하였다. 작업 도중 말을 하거나 다른 곳을 바라보지 않는다. 그림을 설명하며 이렇게 이야기하였다.

"나의 눈에 보이는 세상의 사람들은 매우 힘들어 보인다. 하지만 참고 견디며 살아간다. 또한 이러한 힘든 모습을 감추기 위하여 진하게 눈 화장을 하지만 그래도 눈물은 흐르고 그 눈물이 강물을 이룬다."

## 모노드라마

나의 인생은 어떠했나요? 색이나 그림으로 꾸며 보세요.

25세 남자 대학생

4세, 5세, 초등학교 4학년, 중학교 3학년, 현재 순으로 그림을 그렸다. 제일 기억하고 싶은 순간은 초등학교 4학년 때 강○○라는 여자 친구를 집 근처에서 보았을 때의 기억이라고 한다.

## 감사패

당신에게 감사의 마음을 전하고 싶습니다. 색이나 글로 꾸며 보세요.

초등학교 4학년 남학생

아동의 아버지는 굉장히 권위적이어서 아동에게 사랑을 표현하고 칭찬을 하는 것이 인색하다. 대신 그 부분을 어머니가 채워 주려고 노력하는 가정의 아동이다. 이 아동은 아버지에 대한 감정은 좋지 않으나, 어머니에 대한 감정은 남다르고 자신이 어머니를 보호하려는 책임감이 크다. 감사패에 어머니에게 전하는 글을 썼다. 금색으로 칠하면서 매우 비싼 금이라고 말한다.

## 나에게 주는 선물 2

내가 받고 싶은 선물을 가득 받았습니다. 정말 행복합니다. 당신이 받고 싶은 선물을 그림이나 글로 표현해 보세요.

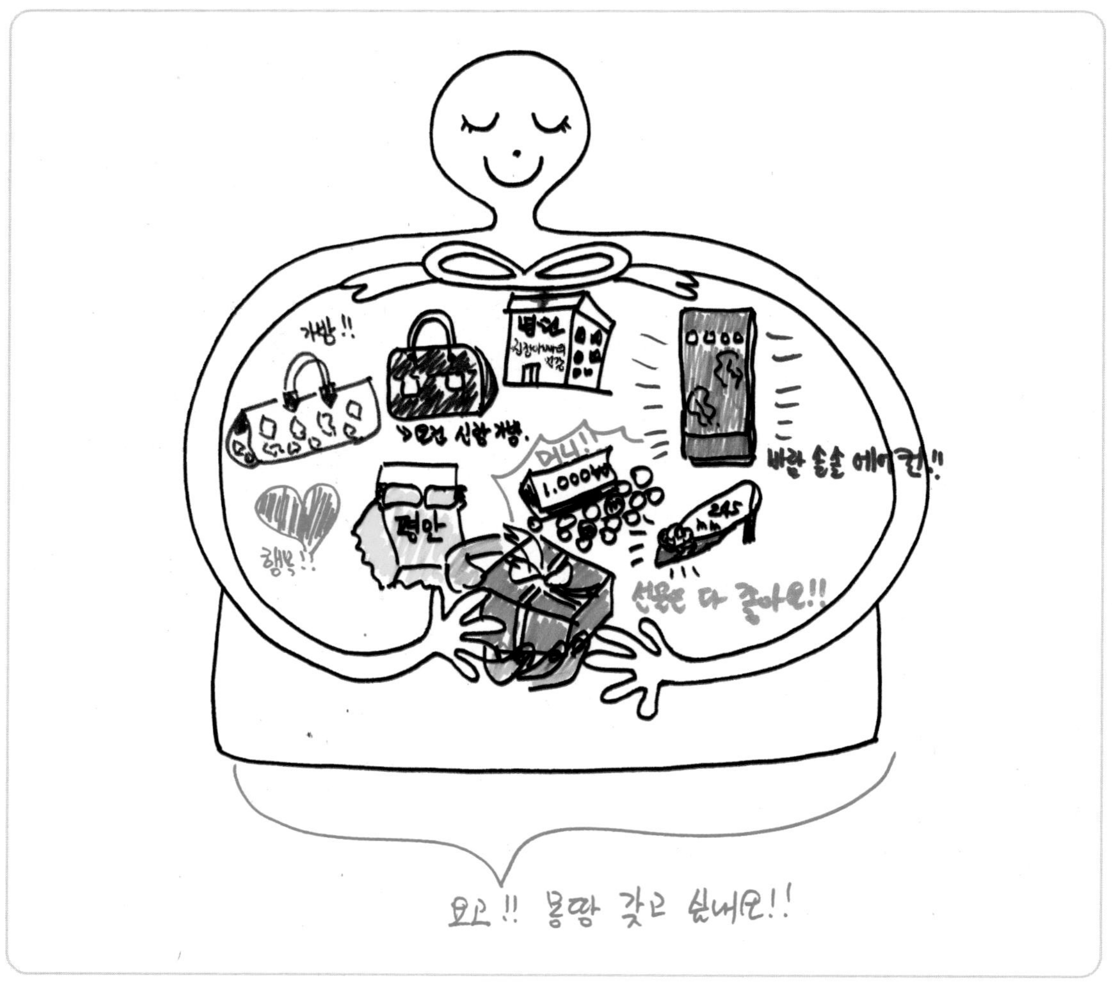


20대 후반 여성

물질적 · 정신적으로 소유하고 이루고 싶은 게 많은 내담자다. 가지고 싶은 것을 가질 수 없는 이유에 대해 물어보니 '돈' 때문이라고 대답하였고, 그래도 자신이 원하는 게 이렇게 많으니 삶에 대한 의욕도 많은 것 같다고 스스로 통찰하였다.

## 포근해요

당신이 안아 주어서 나는 정말 행복합니다. 당신의 마음을 색으로 표현해 보세요.

초등학교 3학년 여학생

이 아동의 어머니는 아동이 스스로 결정해야 하는 것들에 대해 자신이 결정한 대로 따라야 한다는 교육을 하고 있다. 아동은 어머니에 대해 불안감을 많이 느끼며, 그런 스트레스 불안들을 친오빠에게 푼다. 보라색은 차가운 색 같아서 싫다고 하며 자신을 분홍색으로 칠했다. 그러고는 상단에 보라색 동그라미를 그리더니 색칠했다. 노란색은 어머니이며 표정은 웃고 있다고 말하지만 말하는 아동의 표정이 좋지 않았다. 어머니의 표정은 웃고 있으나 자신은 어색하고 싫다는 말 같았다.

## 최고의 순간

내 인생에서 가장 행복했던 기억은 무엇인가요? 색이나 글로 표현해 보세요.

26세 여성

남편의 폭력 등 가족 관계의 문제로 인해 쉼터에서 생활하였다. 어릴 때부터 부모에게 보살핌을 받지 못해 정서적으로 많은 어려움을 겪었고, 현재도 부모에 대한 서운함이 많이 남아 있다고 하였다. 지금은 쉼터를 퇴소한 상태로 직장 생활을 하고 있으며, 홀로 네 살 난 아이를 돌보며 어렵게 생계를 이어 가고 있다고 한다. 또한 우울감이 신체화로 나타나고 있는 상태다.

## 사랑의 메시지

사랑합니다. 두근거려 차마 하지 못한 말……. 오늘은 용기를 내어 당신에게 꼭 전하려 합니다. 당신의 마음을 담은 사랑의 메시지를 글로 표현해 보세요.

30대 중반 여성

돌아가신 어머니께 생전에 말씀드리지 못한 안타까움과 그리움을 표현하고 있다. 비록 지금은 이 세상에 계시지 않지만 메시지를 작성하는 순간만큼은 어머니가 가까이 계신 것 같아 마음이 포근해짐을 느꼈다고 한다.

## 나는 할 수 있어요

나는 뭐든지 할 수 있어요. 내가 할 수 있는 것들을 글이나 그림으로 꾸며 보세요.

7세 여아

소극적인 아동으로 자신이 잘할 수 있는 것에 대하여 생각하는 것을 힘들어하였다. 한참이 지난 후 뽀빠이 이야기를 신나게 듣던 아동은 뽀빠이를 색칠하기 시작하였다. 뽀빠이를 채색한 후 기분 좋게 할 수 있는 것에 대하여 이야기하기 시작했다.

## 내가 가고 싶은 길

내가 가야 하는 나의 길입니다. 나의 길을 글이나 색으로 표현해 보세요.

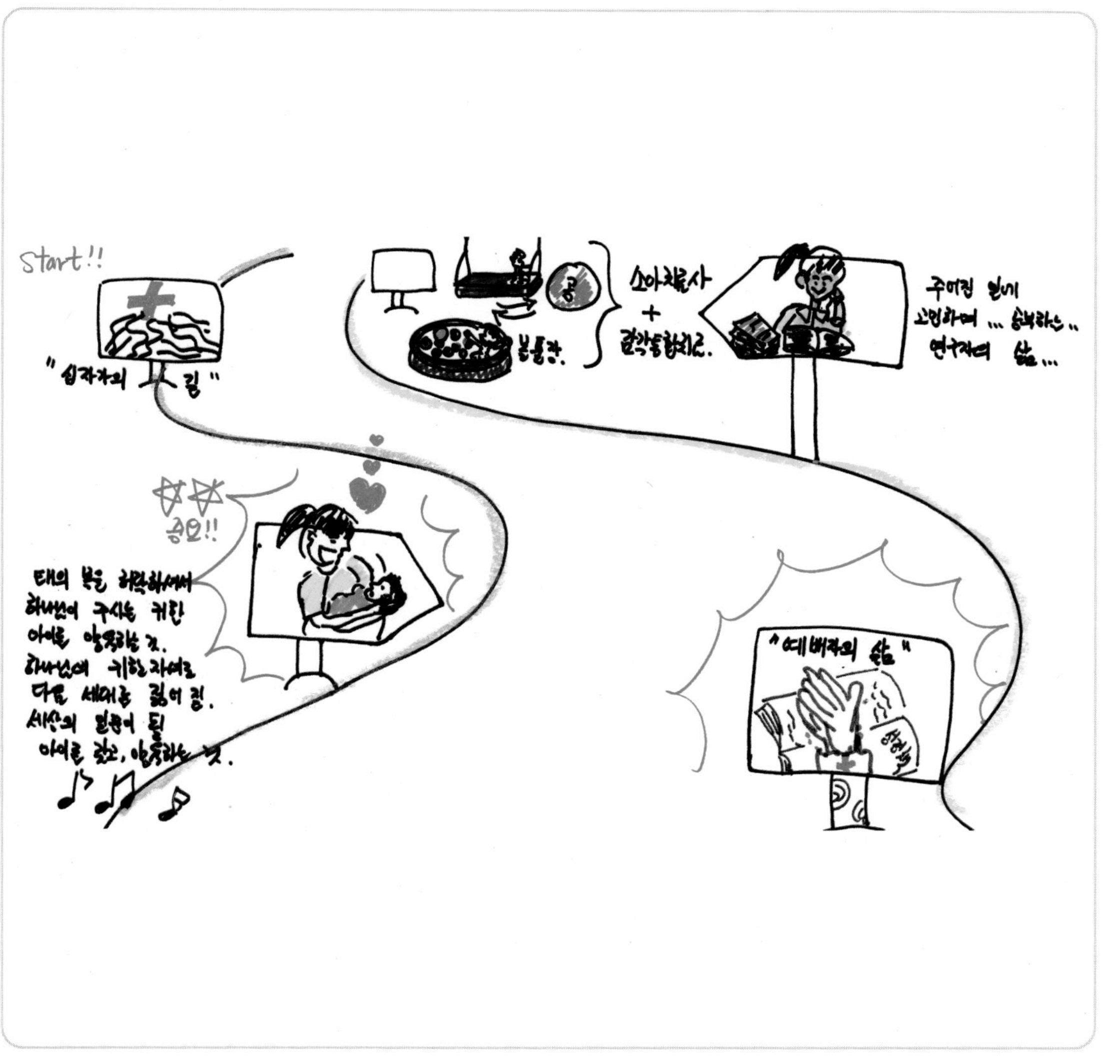


34세 여성

장애아동 치료사이자 기혼 여성으로 신앙과 일 그리고 가정적으로 모두 잘 되었으면 좋겠다고 한다. 이렇게 표현하고 보니 자신에게 주어진 삶을 더욱더 성실히 살아야겠다는 다짐을 하게 된다고 하였다.

# 환호성

열정을 담아 외쳐 봅니다. 우리의 삶 속에서 열정적인 순간을 떠올려 글로 표현해 보세요.

**29세 여성**

평소에도 열정적인 삶을 살고 있다는 내담자는 이 그림을 선택하며 매우 만족한 듯했다. 내담자는 작업 중에도 즐거운 표정으로 자신의 열정에 대하여 이야기하였고, 특히 열정적일 때가 직장에서 일을 할 때라고 한다. 힘이 들 때도 있지만 매우 보람을 느끼며 일을 마무리할 때 가장 열정적인 자신의 모습을 발견한다고 이야기한다. 그리고 이러한 직장에서의 열정이 가정에서도 계속 유지될 수 있도록 노력하겠다고 마무리하였다.

## 아물지 않는 상처

잊으려고 해도 잊히지 않는 상처가 있습니다. 색으로 꾸며 보세요.

초등학교 3학년 남학생

얼마 전 부모의 이혼으로 상처가 많은 아이다. 어머니의 강압적인 양육 환경에서 스트레스를 많이 받지만, 무조건 참으며 지내는 아동이다. 이 그림을 받고 한참을 생각하더니 어렸을 때에 바다에 빠져서 구조되기 전까지의 힘들었던 시간을 생각하며 색칠하였다고 했다. 그래서 수영을 배우고 싶지만 공부하는 것 외에는 학원을 보내 주지 않는 어머니를 원망하는 듯 이야기를 하며, 자신은 수영을 잘하고 싶다고 한다.

## 삭 제

내 마음속에 Delete 키를 누르고 싶은 것들을 생각해 보세요. 그것들을 글이나 색으로 마음껏 표현해 보세요.

8세 여아

뇌성마비를 앓고 있는 아동으로 신체의 불편함으로 인해 또래의 놀림이 마음에 더욱 크게 다가왔다고 한다. 직접 하지 못한 얘기를 글로나마 표현하고 나니 속이 후련해지는 기분이라고 한다.

## 슬퍼요 2

자신이 묻어 두었던 슬픔을 그림이나 색으로 표현해 보세요.

중학교 3학년 여학생

가족 관계 속에서 겪었던 분노와 슬픔을 나타낸 사례로, 그림 속의 불은 내담자의 아버지가 화재로 인해 사망했던 기억의 표상이고, 하단의 웅크린 채 앉아 있는 아이는 어릴 적 홀로 남겨져 부모가 일터에서 돌아오기를 기다렸던 자신을 떠올리며 표현한 것이라고 하였다.

## 새 한 마리

가로등 위에 새 한 마리가 홀로 앉아 있습니다. 당신이 이 새라면 어떤 느낌이 드는지 색으로 꾸며 보세요.

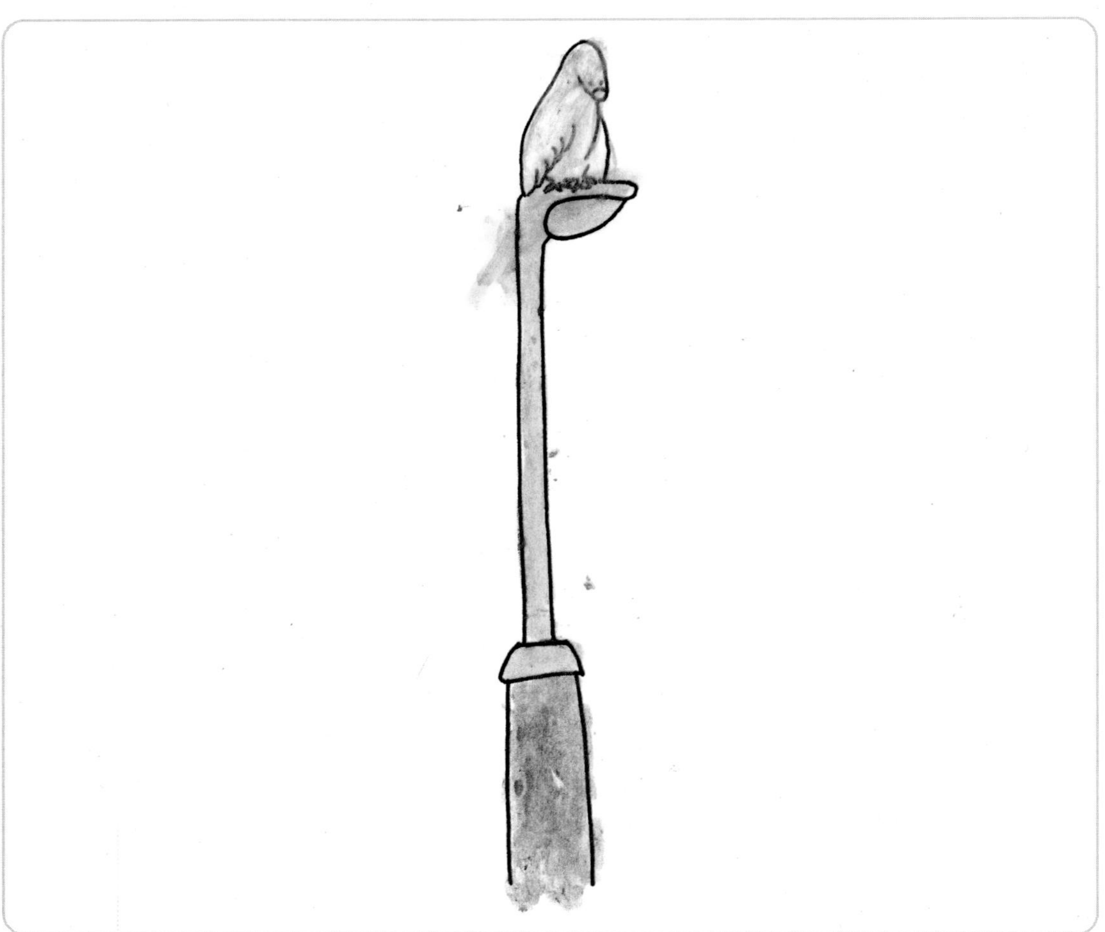

초등학교 3학년 여학생

어머니가 모든 것을 처리해 주며, 아동은 규칙과 과제를 제시해 줄 때 불안이 더욱 야기된다. 또래관계가 좋지 않고, 이 그림에서 보이는 새는 비둘기라면서 혼자 외롭게 가로등 위에 앉아 있다고 한다.

"비둘기가 누구일까?"라는 질문에는 대답이 없었다. 왜 여기 있냐는 질문에 "외롭고, 밑에 있으면 차에 치이니까 무서워서 혼자 가로등 위로 올라와 있어요."라고 하였다.

## 분노의 말

화가 났습니다. 마음속에 있던 분노의 말들을 외쳐 보세요.

중학교 2학년 남학생

말더듬증이 있는 내담자로 학업에 대한 스트레스가 높은 상태다. 화가 나서 얼굴과 눈이 모두 붉어진 상태이고, 곧 폭발할 것 같다고 하였다. 그리고 그림 속의 인물은 시험을 앞둔 자신의 모습과 같다는 말과 함께 말풍선의 내용을 직접 소리 내어 외치며 만족해했다.

## 나 혼자 차지하고 싶어요

나 혼자 갖고 싶은 것은 무엇인가요? 글이나 색으로 표현해 보세요.

중학교 1학년 여학생

내담자는 정신지체 3급으로 조음장애와 정서적 우울감을 호소하고 있고, 내담자의 부모 역시 정신지체의 문제를 가지고 있다. 이러한 문제로 친구들 사이에서 왕따를 당하는 등 사회적 관계 맺기에서 어려움을 겪고 있다.

## 회초리

나에게 두려움이란……. 색이나 글로 표현해 보세요.

초등학교 3학년 여학생

권위적인 아버지와 강압적인 어머니로 인해 불안과 두려움이 많은 아동으로, 언어적 표현이 구체화되지 못하고 경직되어 있다. 색칠할 때 어머니를 생각하며 색칠했고, 시간이 많이 소요되었다. 맞는 것을 대비해서 차가운 색을 자신에게 칠했다고 하였으며, 그림에서 울고 있는 사람이 자신이라고 하였다.

## 풍선 불기

긴장되는 순간을 떠올리며 색으로 꾸며 보세요.

30세 여성

내담자는 긴장된 순간을 붉은 색으로 표현하였다. 긴장되었던 상황을 떠올리면 가슴 졸이던 생각이 난다며 붉은 색으로 채색하였다.

## U턴하고 싶어요

돌아가고 싶었던 순간이 있었나요? 그 순간의 느낌을 색이나 글로 표현해 보세요.

**30대 여성**

직장 생활을 하는 기혼 여성으로 직장 생활로 인해 자신의 아이에게 최선을 다하지 못하는 점이 늘 마음속에 남아 있다. 아이와 함께 있는 주말에 마음만큼 아이와 알찬 시간을 못 보내는 게 후회된다고 한다.

## 전하지 못한 내 마음

전하지 못한 미안한 마음을 편지에 담아 당신에게 부치고 싶습니다. 당신의 마음을 색이나 글로 표현해 보세요.

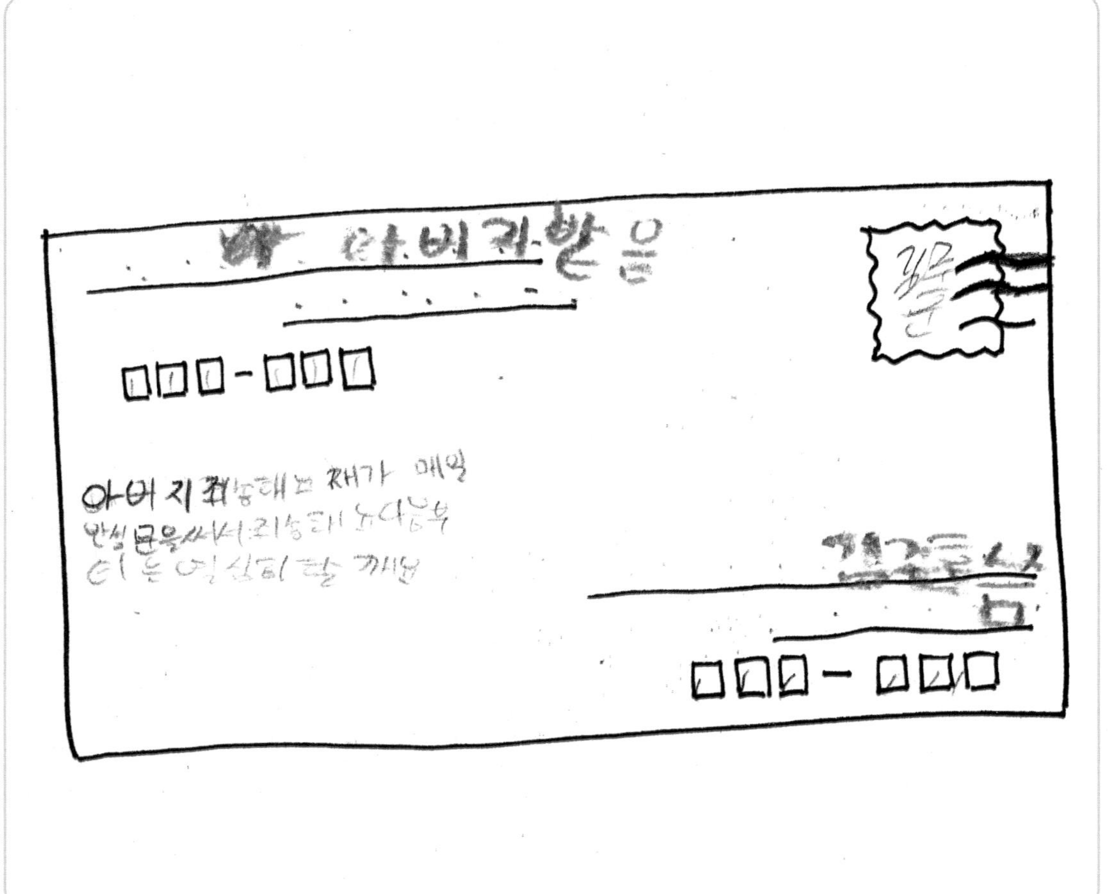

### 초등학교 4학년 남학생

아버지를 굉장히 무서워하며, 약속 시간을 잘 지키지 않고 항상 장난이 심해서 학교나 집에서 많이 혼나는 아동이다. 아동의 그림은 아버지에게 자신의 죄송한 마음을 전하는 내용이다. 여러 색이 앞에 놓여 있었는데 연필로 글을 적었으며, 자신이 좋아하는 금색으로 마무리했다. 완성한 후 편지 봉투에 넣어 아버지에게 드린다고 말하고는 쑥스러워하면서도 좋아했다.

# 첫 번째 ● 진정한 나

* 나는 도대체 누구인가?
내가 생각하는 나인가?
아니면 객관적인 평가에 의한 내가 진짜 나인가?
내가 느끼는 나 자신의 다양한 모습을 알고,
앞으로의 삶을 개척해 나갈 수 있는 체험을
제시한 도안들을 통해 색으로 참된 나를
찾아가는 시간을 가져 보자.

## 나의 현 위치

당신의 현재 위치는 어디인가요? 색이나 그림으로 표현해 보세요.

## 보물 상자

내 마음의 보물 상자에는 무엇이 있나요? 색이나 그림으로 표현해 보세요.

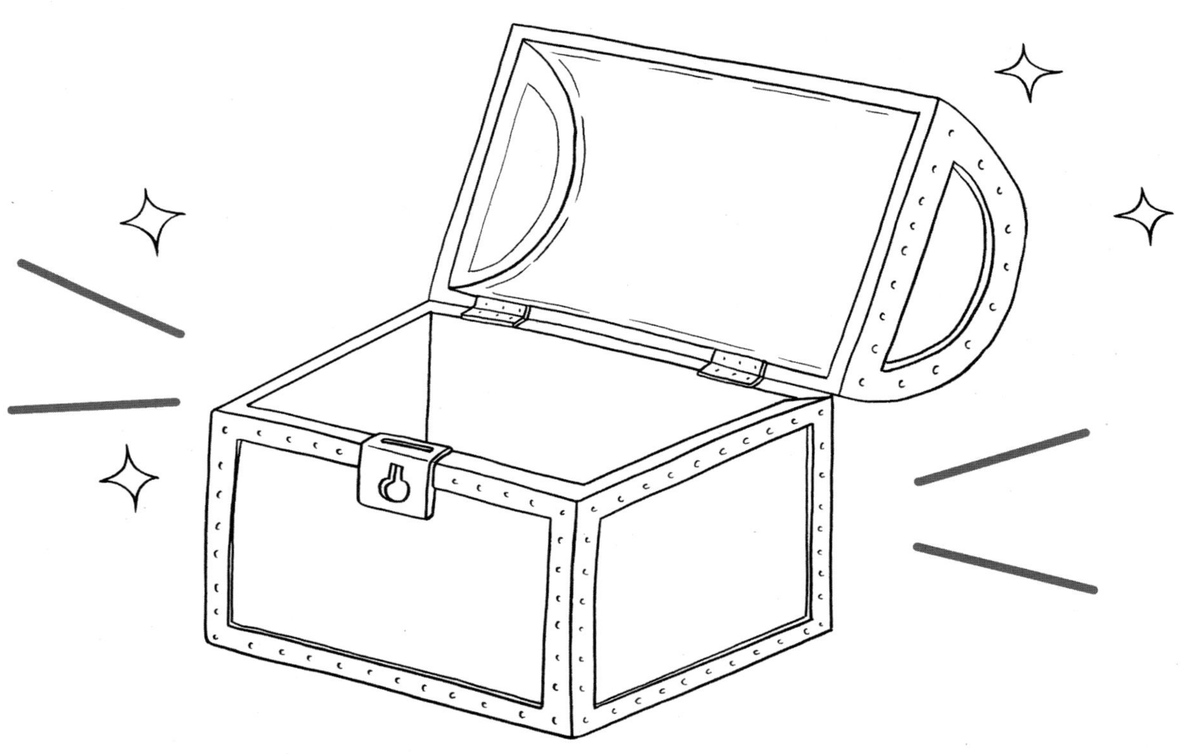

## 보 물

깊은 바닷속에 보물이 숨겨져 있습니다. 어떤 보물들이 나오면 좋을까요? 그림으로 표현해 보세요.

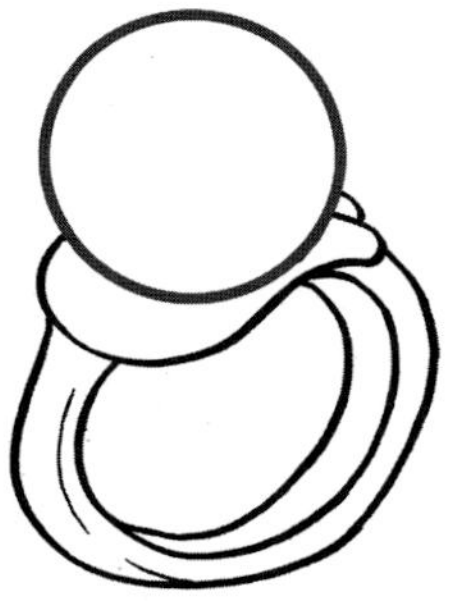

## 도깨비 방망이

나에게 기적이 일어난다면? 그림으로 표현해 보세요.

## 쇼 핑

당신이 가지고 싶은 것을 쇼핑합니다. 이 장바구니 안에 가지고 싶은 것을 색이나 글로 표현해 보세요.

## 내 마음의 거울

내 마음을 거울에 비춰 보세요. 무엇이 보이나요? 색이나 그림으로 표현해 보세요.

## 내가 보는 세상

평소 눈을 통해 느끼는 감정을 색으로 표현해 보세요.

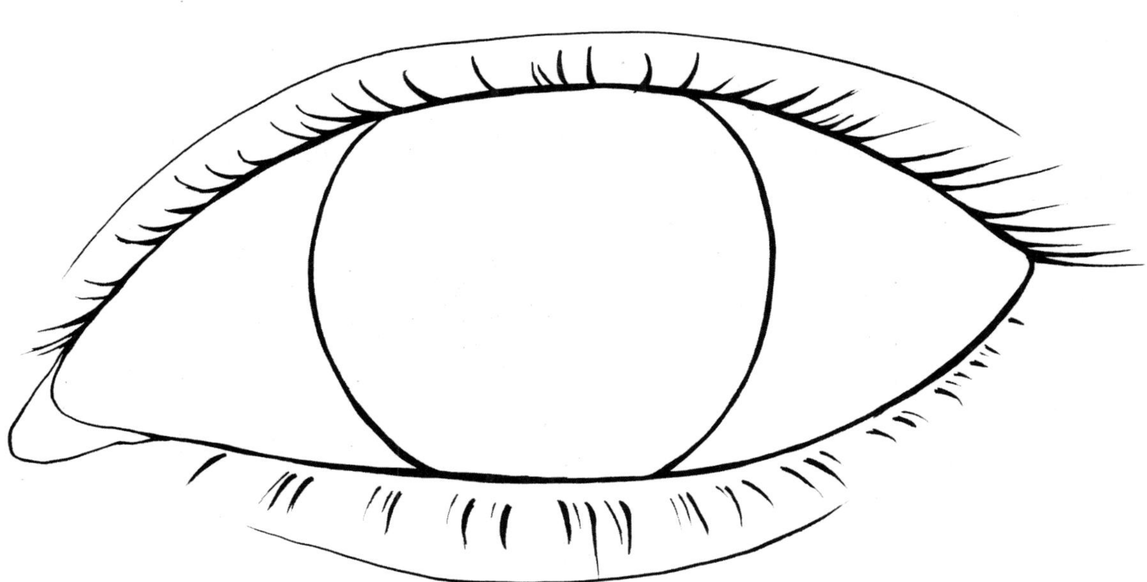

## 마음의 풍경화

내 마음의 풍경을 색이나 그림으로 표현해 보세요.

##  거울 속의 자화상

거울에 비치는 나의 모습을 색이나 그림으로 표현해 보세요.

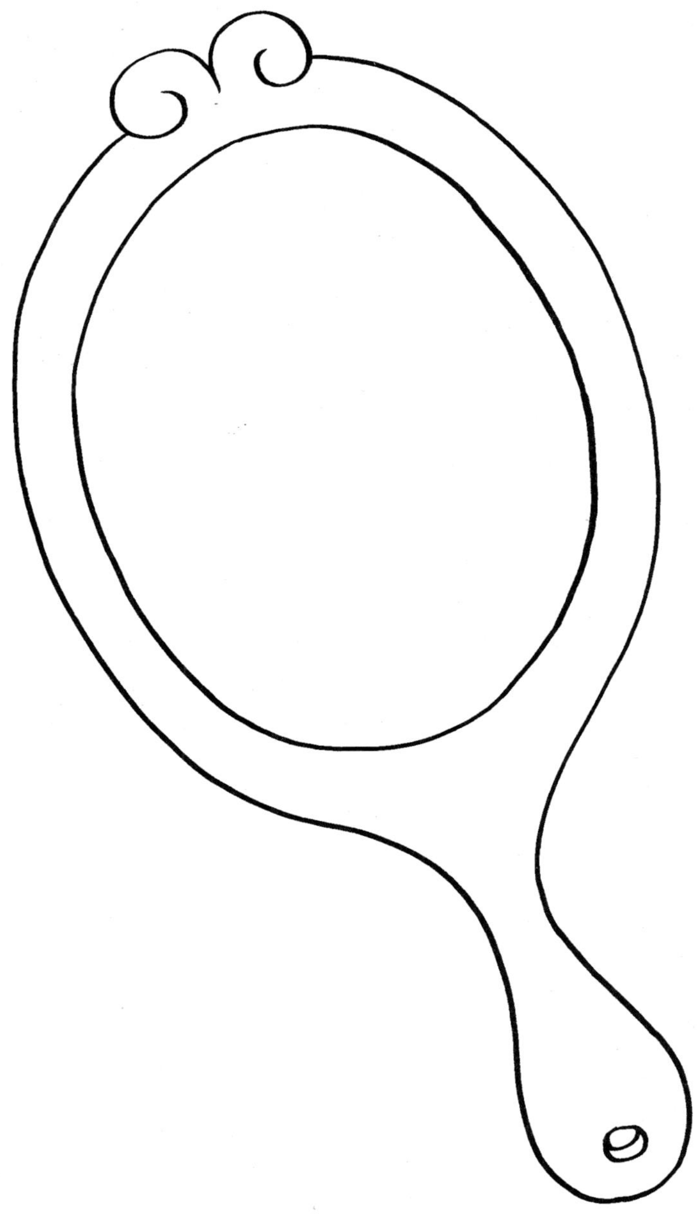

## 내 마음의 창문

창문을 열면 어떤 풍경이 보일까요? 그림으로 표현해 보세요.

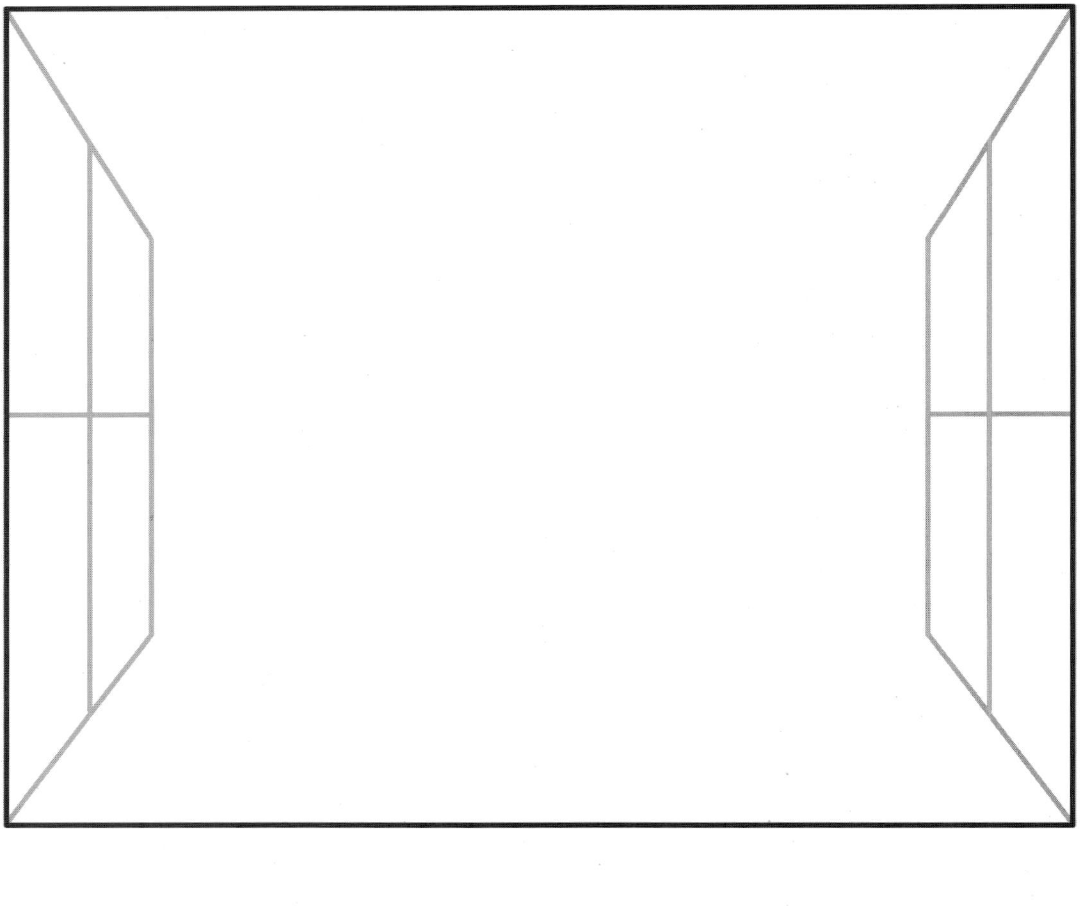

## 회상의 의자

회상의 의자에 앉아 쉬고 있습니다. 당신의 마음을 색이나 그림으로 표현해 보세요.

## 나의 작품

지금 나의 감정을 색이나 그림으로 표현해 보세요.

## 나의 전시회

내가 그리고 싶은 그림을 색이나 그림으로 표현해 보고, 제목을 붙여 보세요.

## 내 마음의 소리

내 마음에는 어떠한 소리가 들릴까요? 색으로 표현해 보세요.

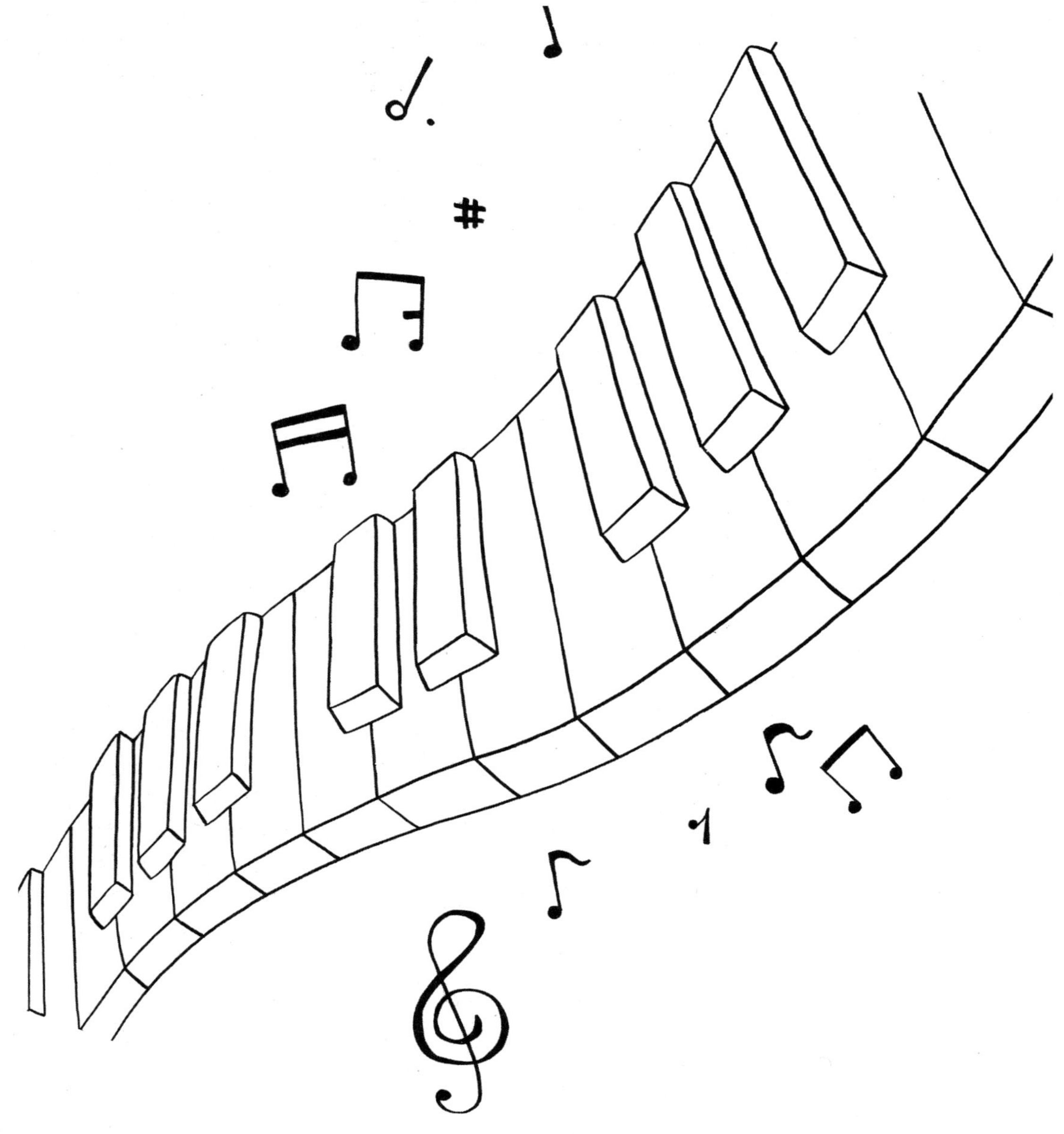

## 나의 그림자

나의 그림자입니다. 색이나 그림으로 마음껏 꾸며 보세요.

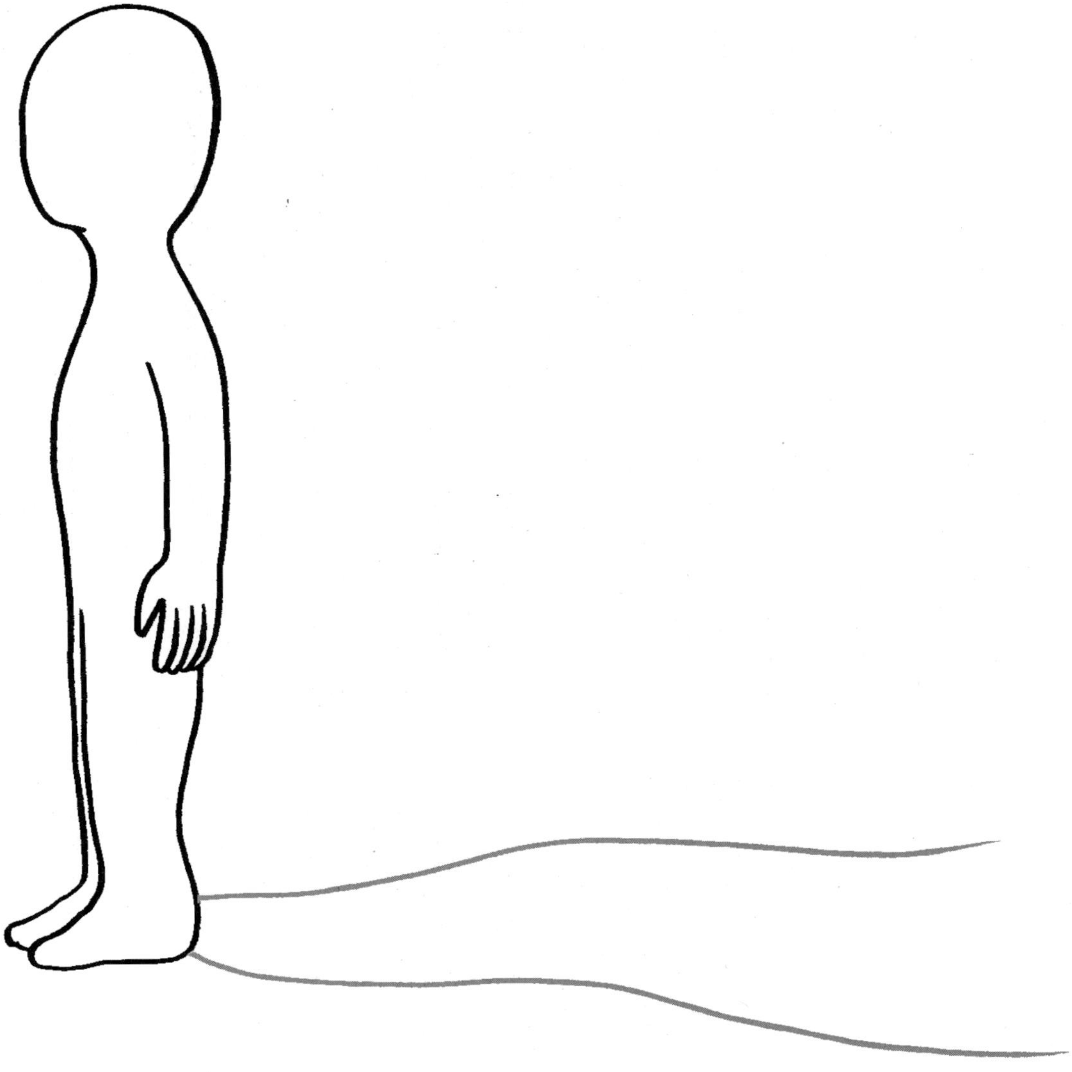

## 모노드라마

나의 인생은 어떠했나요? 색이나 그림으로 꾸며 보세요.

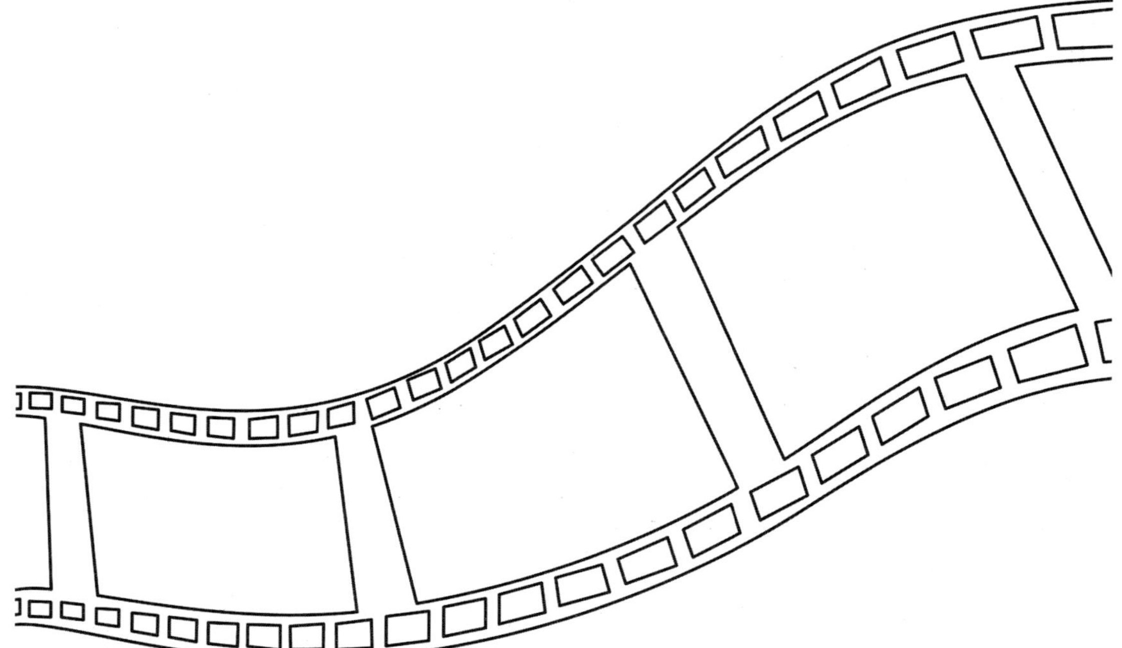

## 지난 시간

지나온 삶을 떠올려 보고, 색이나 그림으로 표현해 보세요.

## 다가올 시간

미래의 삶을 등대의 빛으로 표현해 보세요.

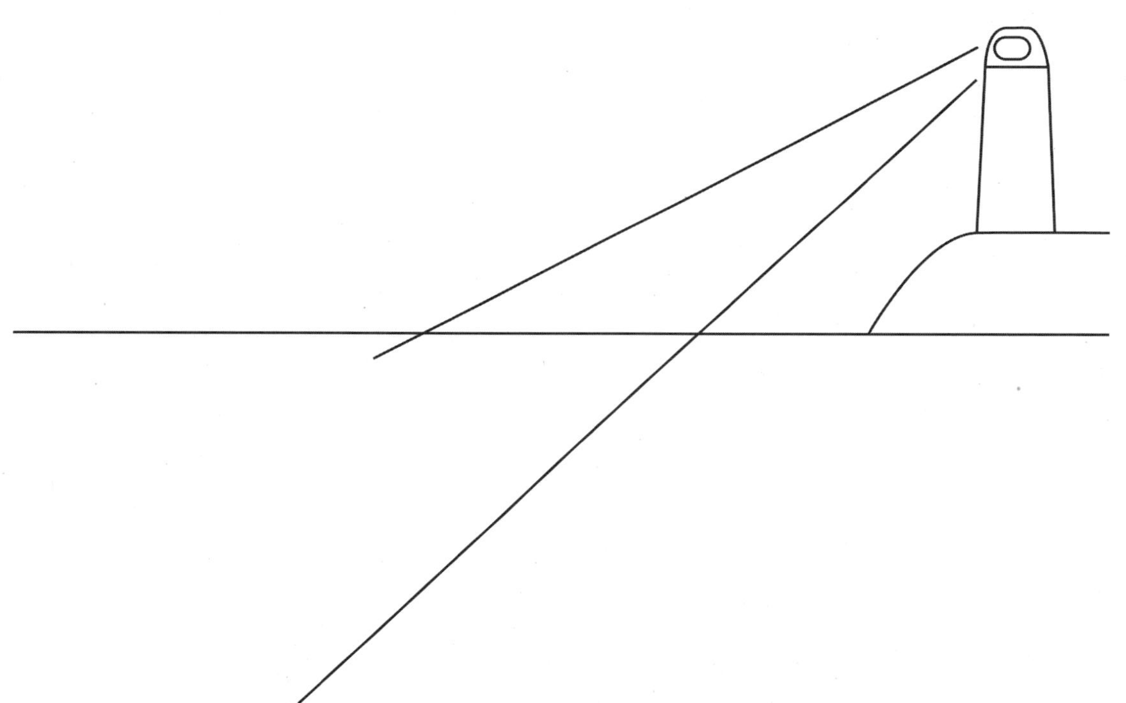

# 두 번째 ● 감사

* 사람은 감사하는 마음을 가질 때 비로소 자신의 일을 반성하고 성장해 나갈 수 있다. 그리고 더불어 살아가는 사회에서 감사하는 마음을 표현하는 방법 또한 필요하다. 다음 그림들을 통해 주변 사람들에게 감사했던 일과 자신에게 감사한 일을 떠올려 보고자 한다. 더 나아가 감사함을 표현하는 방법을 생각해 보고 실천해 보자.

내 마음이 보이니: 미술치료 워크북

 감사패

당신에게 감사의 마음을 전하고 싶습니다. 색이나 글로 꾸며 보세요.

감 사 패

## 감사의 선물 1

감사의 선물을 색이나 그림으로 꾸며 보세요.

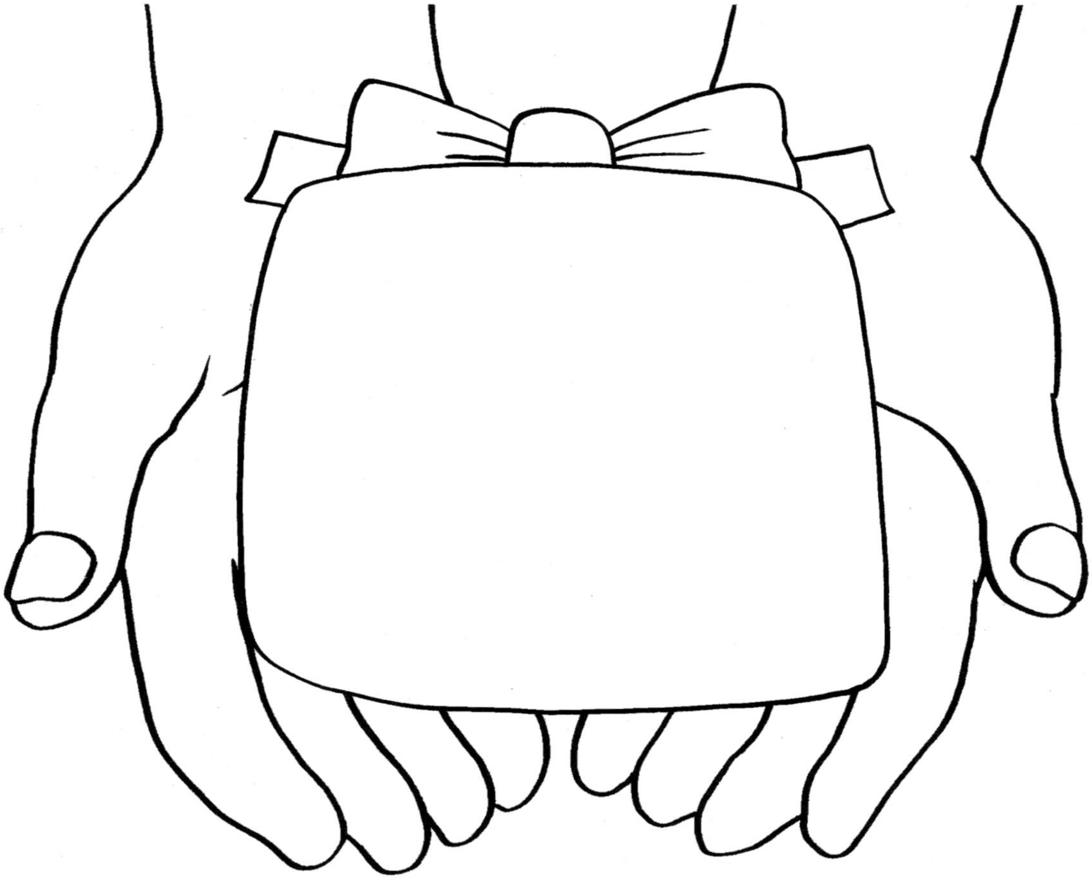

## 감사의 선물 2

당신에게 이 꽃을 선물하고 싶습니다. 색이나 그림으로 꾸며 보세요.

## 감사의 말

감사의 마음을 색이나 글로 표현해 보세요.

## 감사의 글

감사의 마음을 색이나 글로 표현해 보세요.

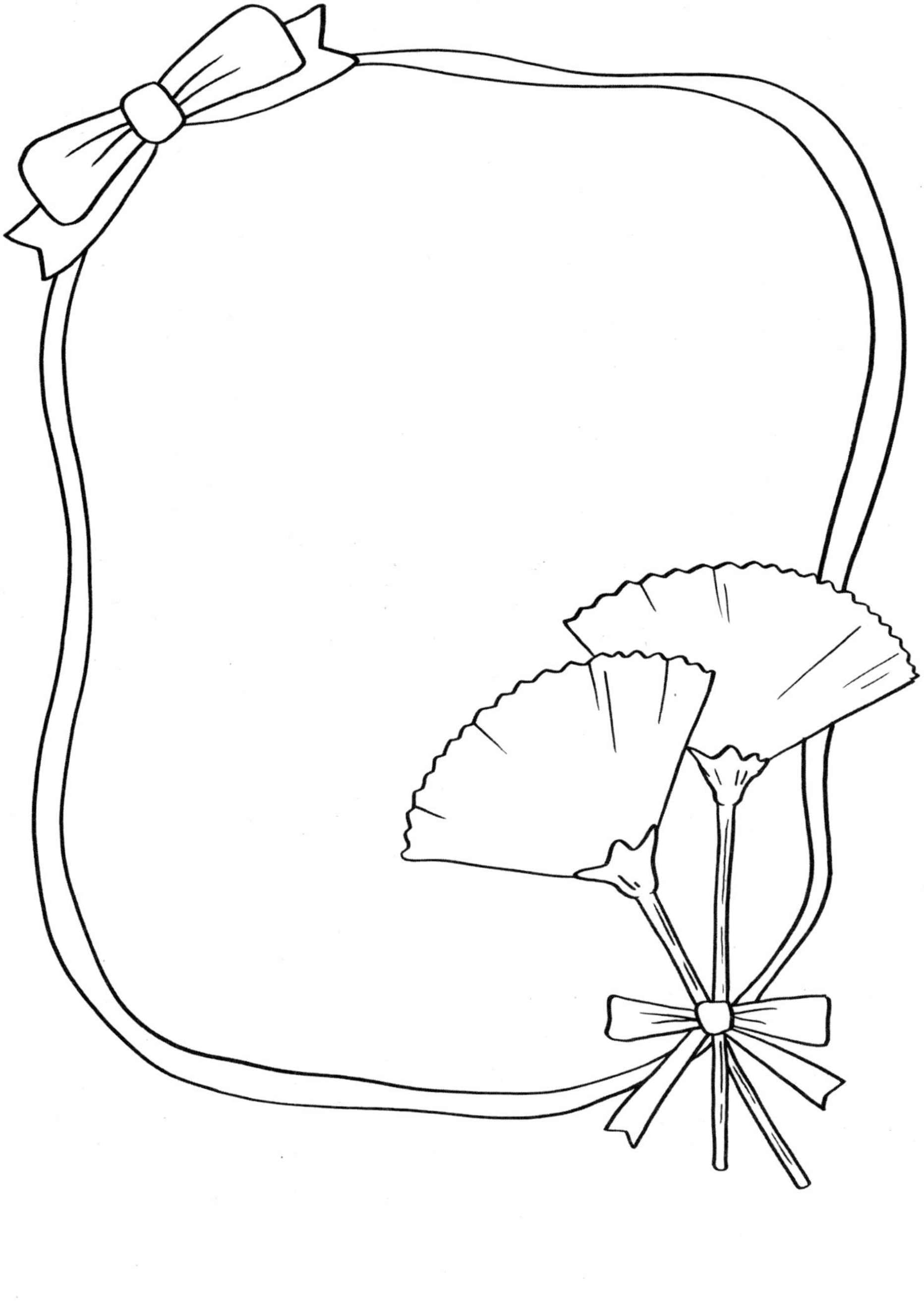

## 나에게 주는 선물 1

어떤 선물을 받고 싶나요? 색이나 그림으로 표현해 보세요.

## 나에게 주는 선물 2

내가 받고 싶은 선물을 가득 받았습니다. 정말 행복합니다. 당신이 받고 싶은 선물을 그림이나 글로 표현해 보세요.

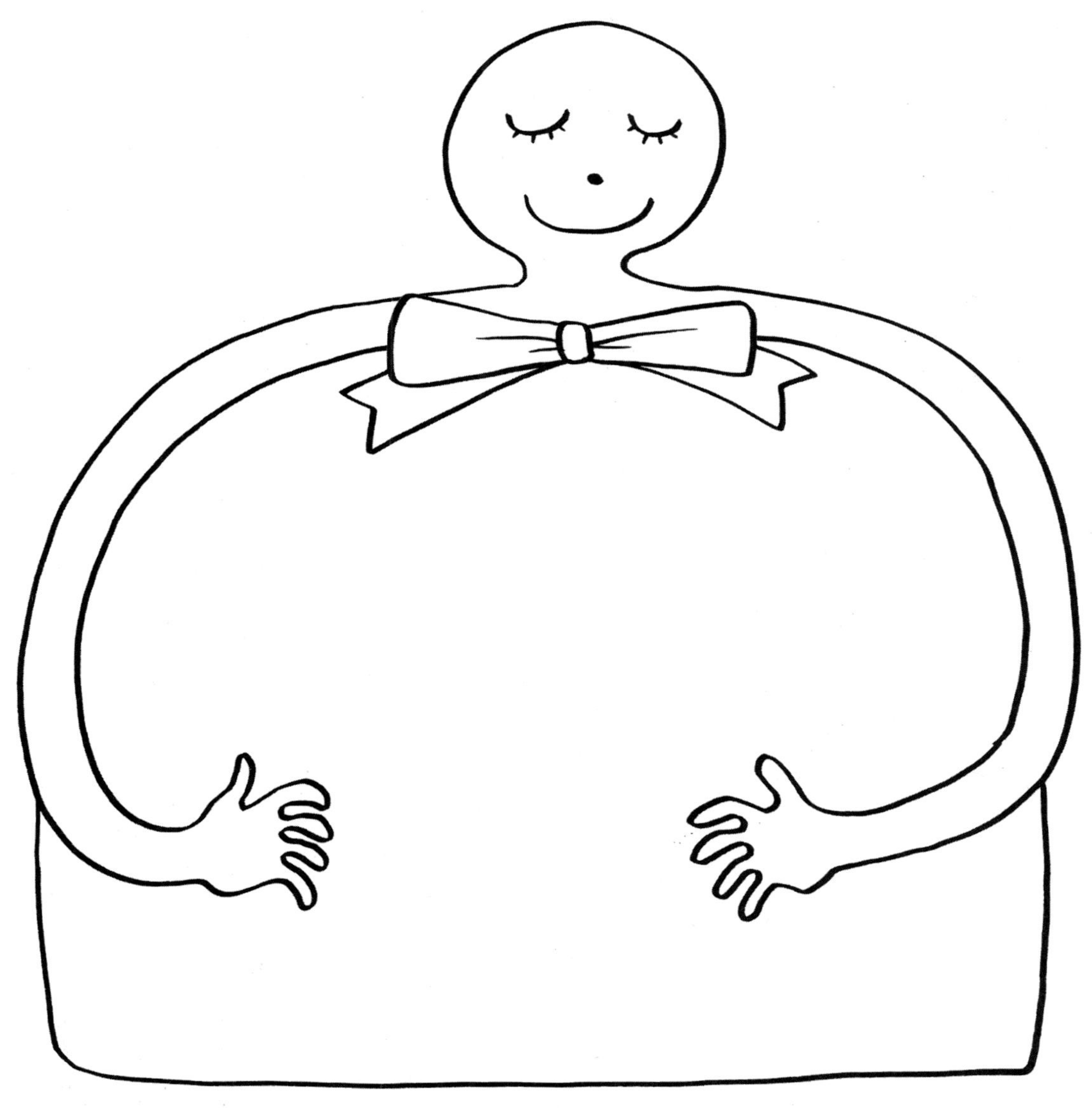

## 나에게 주는 꽃다발

나에게 주는 꽃다발을 색이나 그림으로 표현해 보세요.

# 세 번째 ● 따뜻함

* 사람은 행복, 정, 믿음, 사랑, 즐거움 등의
감정을 느낄 때 따뜻함을 느낀다.
또한 따뜻함은 혼자만 느낄 때보다
주변 사람들과 나눌 때 더욱 커진다.
나는 어느 때 따뜻함을 느끼는지,
누구와 함께할 때 따뜻함을 느끼는지,
다시금 생각해 보고 느껴 보자.

내 마음이 보이니: 미술치료 워크북

## 봄날의 창가

따뜻한 햇살이 비치는 창가입니다. 나의 창가를 마음껏 꾸며 보세요.

# 전 구

나의 마음을 따뜻하게 해 주는 전구입니다. 나의 마음을 따뜻하게 채워 줄 전구를 색이나 글로 표현해 보세요.

##  차 한 잔

당신을 위한 차 한 잔이 준비되어 있습니다. 당신의 마음을 색으로 표현해 보세요.

## 햇 살

조용한 언덕에 따뜻한 해가 비치고 있습니다. 마음껏 꾸미거나 색칠해 보세요.

# 네 번째 ● 행 복

* 행복이란 아주 편안하고 희망을 그리는 상태의 감정이라 할 수 있다. 행복은 여러 가지 상황에서 느낄 수 있다. 하지만 그것이 현대 사회에서 말하는 부(富)와 큰 관련은 없다. 우리나라보다 생활 수준이 낮은 나라들의 행복 지수가 더 높다는 연구 결과도 있다. 행복은 사람이 느끼는 감정이기 때문에 각자가 각기 다른 곳에서 행복을 느낀다. 다음 그림들을 통해서 자신의 행복했던 기억을 떠올려 보며, 무엇이 나를 가장 행복하게 했는지 알아보는 시간을 가져 보자.

## 행복해요

지금 이 순간이 행복합니다. 당신의 행복한 순간을 마음껏 표현해 보세요.

## 포근해요

당신이 안아 주어서 정말 행복합니다. 당신의 마음을 색으로 표현해 보세요.

## 달콤해요

나비가 행복한 시간을 즐기고 있습니다. 마음껏 꾸미고 색칠해 보세요.

## 축하해요

오늘은 당신의 행복한 생일입니다. 당신의 생일 케이크를 마음껏 표현해 보세요.

## 만족해요

지금 이 순간 아기에게는 무척 행복한 시간입니다. 당신의 행복한 순간을 생각하며 글이나 색으로 마음껏 꾸며 보세요.

## 즐거운 크리스마스

크리스마스의 즐거웠던 기억에는 무엇이 있을까요? 색이나 그림으로 표현해 보세요.

## 최고의 순간

내 인생에서 가장 행복했던 기억은 무엇인가요? 색이나 글로 표현해 보세요.

## 가장 큰 웃음

인생에서 가장 즐거웠던 일은 무엇인가요? 색이나 글로 표현해 보세요.

## 즐거운 가족 나들이

가족 나들이에서 즐거웠던 기억은 무엇인가요? 색이나 글로 표현해 보세요.

## 소 풍

어린 시절, 즐거웠던 소풍의 기억처럼 또 다른 기억은 무엇이 있나요? 색이나 글로 표현해 보세요.

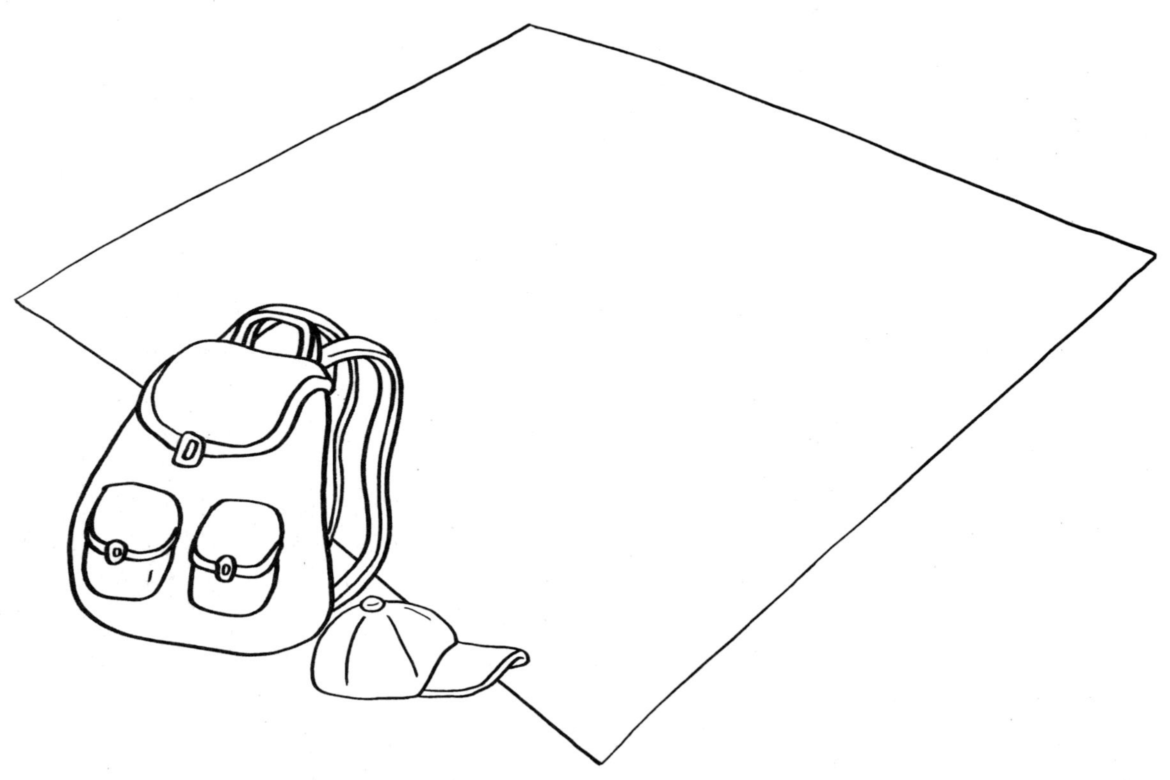

##  나의 팔레트

나의 팔레트를 색으로 표현해 보세요.

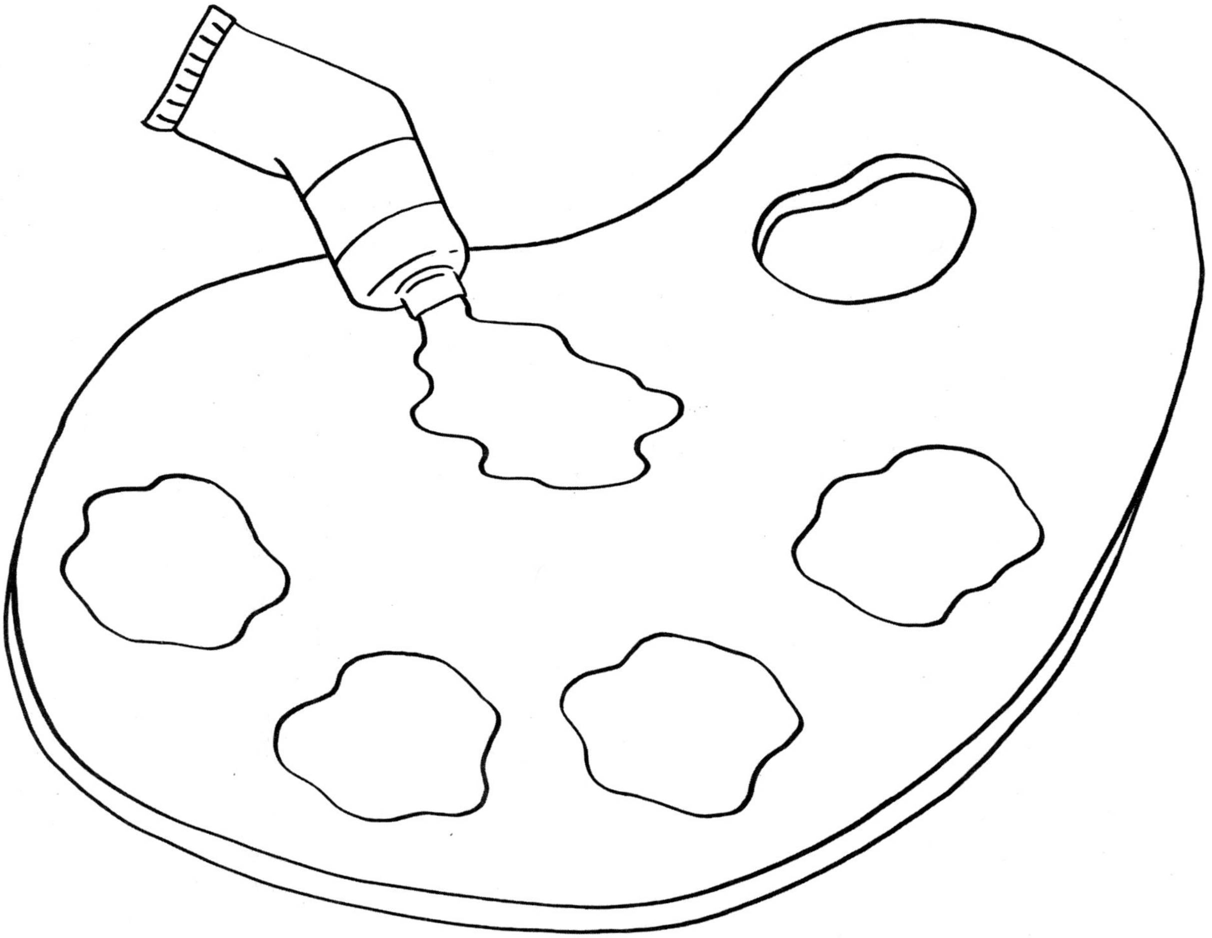

## 내 마음의 풍경화

편안한 순간을 생각하며 색이나 그림으로 표현해 보세요.

## 편안한 나의 베개

가장 편안한 나의 베개를 색이나 그림으로 꾸며 보세요.

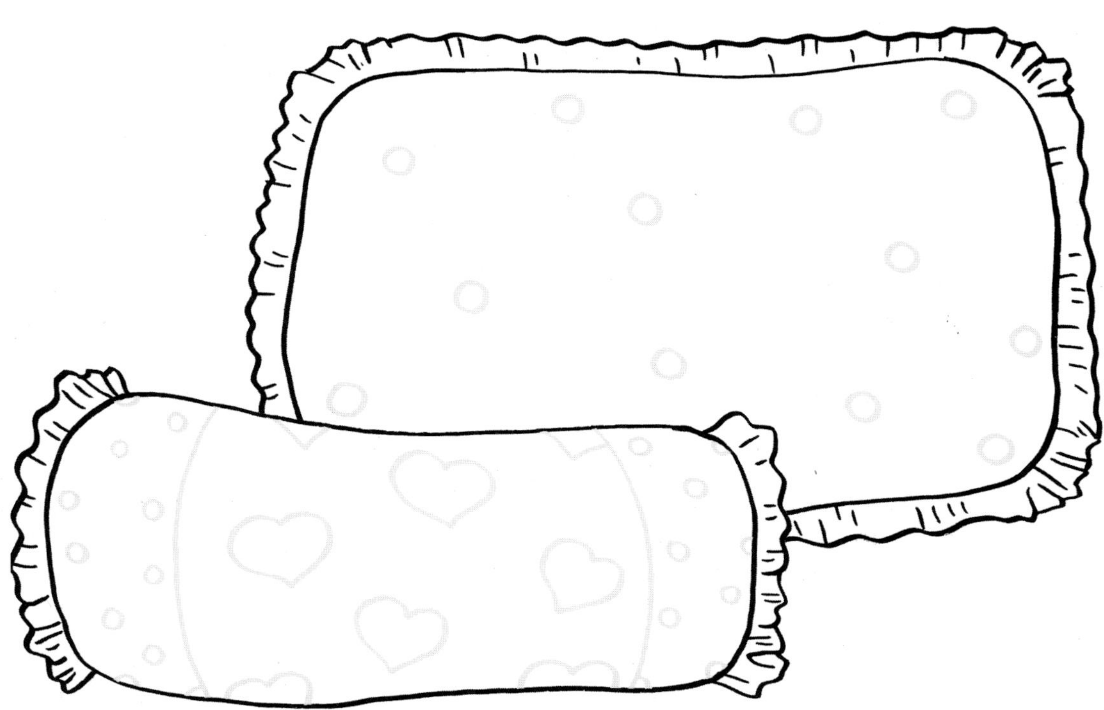

# 다섯 번째 ● 사 랑

* 사랑의 사전적 의미는 인간의 근원적인 감정으로 인류에게 보편적이며, 인격적인 교제 또는 인격 이외의 가치와의 교류를 가능하게 하는 힘을 뜻한다.
누구나 사랑받기를 원한다.
지금 당신은 현재의 사랑 혹은 미래의 사랑을 위해 어떠한 정서적 노력을 하고 있는가?
사랑의 감정을 색과 글로 표현하는 시간을 가져 보자.

내 마음이 보이니: 미술치료 워크북

## 하트

손으로 하트 모양을 만들어 보세요. 손으로 만든 당신의 하트 모양을 색이나 글로 꾸며 보세요.

## 사랑의 메시지

사랑합니다. 두근거려 차마 하지 못한 말……. 오늘은 용기를 내어 당신에게 꼭 전하려 합니다. 당신의 마음을 담은 사랑의 메시지를 글로 표현해 보세요.

##  사랑의 바이러스

사랑하는 마음을 누군가에게 전하고 싶습니다. 사랑의 바이러스를 글이나 색으로 표현해 보세요.

## 간직하고 싶은 사랑

사랑하는 마음을 평생 간직할 수 있도록 폴라로이드 사진을 찍어 드립니다. 사진에 간직하고 싶은 사랑을 글이나 색으로 표현해 보세요.

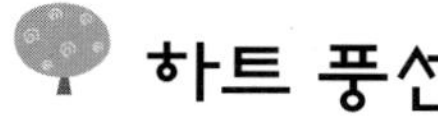

## 하트 풍선

하트 풍선을 보면 어떤 생각이 드나요? 하늘로 띄워 보고 싶은 것들을 글이나 그림으로 표현해 보세요.

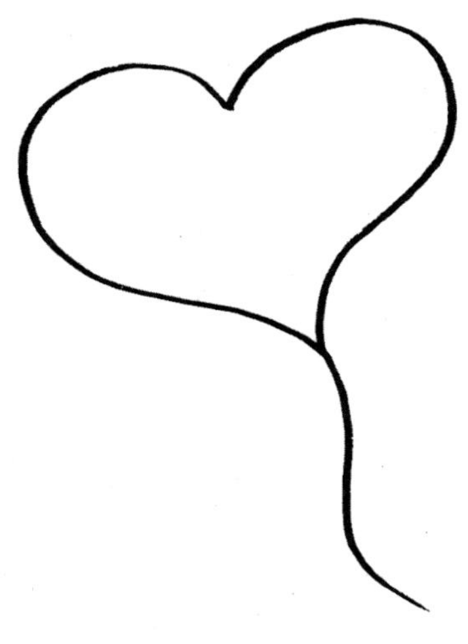

## 사랑해요 1

사랑의 메시지를 글이나 색으로 꾸며 날려 보세요.

## 사랑해요 2

사랑하는 사람과 손을 잡았습니다. 당신의 마음을 색으로 표현해 보세요.

##  사랑의 큐피드

사랑하는 사람에게 사랑의 화살을……. 색이나 그림으로 표현해 보세요.

##  안아 주세요

사랑하는 마음으로 당신을 따뜻하게 안아 주는 사람은 누구인가요? 그 사람을 생각하며 글이나 색으로 표현해 보세요.

# 여섯 번째 ● 희 망

* 희망이란 말은 아직도 첫사랑처럼
가슴을 설레게 만든다.
희망은 세상의 가장 밑바닥, 절망의 거름 속에서
피어나는 눈부신 꽃 한 송이다.
희망은 사람 그리고 세계에 대한 사랑이다.
사랑 없는 희망은 껍데기 희망이다.
오늘 하루는 내 생애 아주 특별한 하루다.
더 늦기 전에, 아주 늦어 버리기 전에, 지금
내 곁에 있는 희망을 꼭 껴안아 보자.

## 희망 나무 1

희망 나무에 나의 희망을 글이나 색으로 표현해 보세요.

## 희망 나무 2

꼭 이루고 싶은 소망이나 꿈을 생각하며 그려 봅시다. 꼭 이루어지리라는 확신과 함께 마음을 담아 보세요.

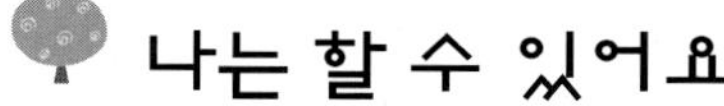


나는 뭐든지 할 수 있어요. 내가 할 수 있는 것들을 글이나 그림으로 꾸며 보세요.

## 네 잎 클로버

누구와 함께 나누고 싶나요? 색이나 그림으로 표현해 보세요.

## 하늘을 날아요

훨훨 날고 있는 새입니다. 나의 희망의 새를 색으로 표현해 보세요.

## 나의 꿈

내 인생에는 목표가 있습니다. 인생의 목표를 글이나 색으로 표현해 보세요.

## 내가 가고 싶은 길

내가 가야 하는 나의 길입니다. 나의 길을 글이나 색으로 표현해 보세요.

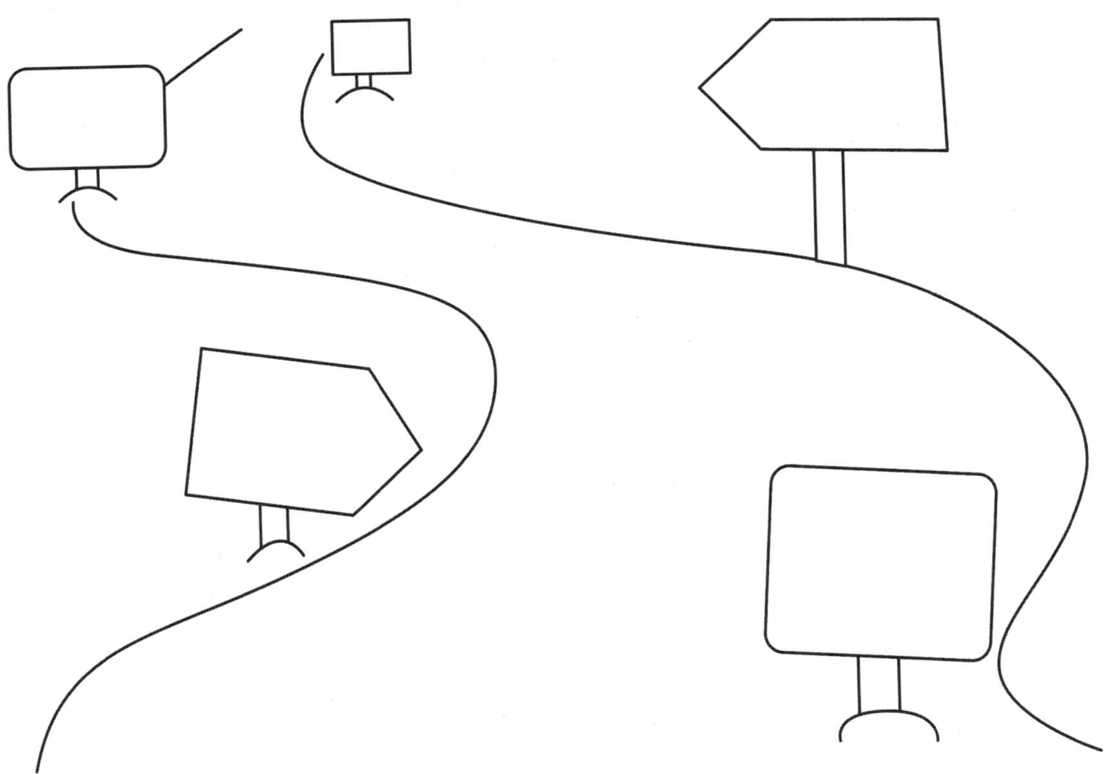

## 타임머신

당신이 가고 싶은 곳을 색이나 그림으로 표현해 보세요.

## 희망의 편지

당신의 희망을 글이나 색으로 표현해 보세요.

## 나의 소원 1

당신의 소원을 글이나 색으로 표현해 보세요.

## 나의 소원 2

당신의 소원을 색이나 그림으로 꾸며 보세요.

##  희망의 날개

당신의 희망을 글이나 색으로 표현해 보세요.

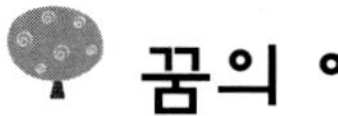

## 꿈의 여행

꿈의 여행을 떠나고 싶습니다. 마음껏 꾸며 보세요.

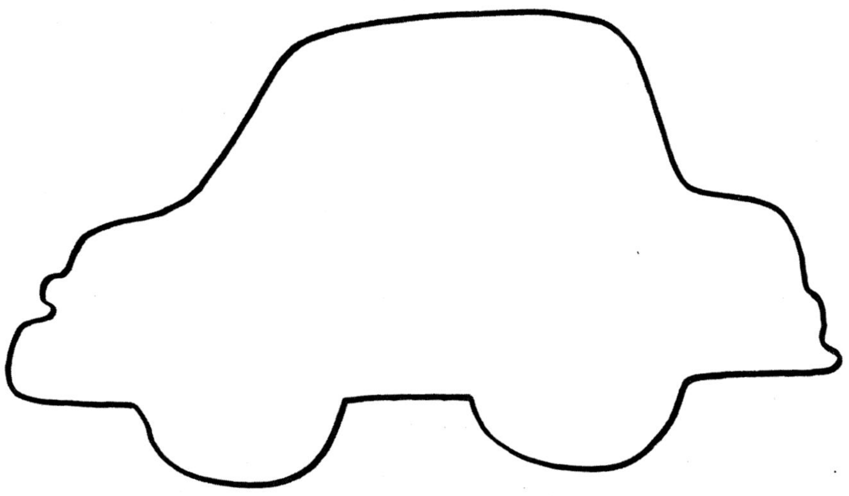

# 일곱 번째 ● 열정

* 똑같은 일인데도
재미있게 하는 사람이 있고
마지못해 하는 사람이 있다.
이 세상에 열정 없이 이루어진 것은
아무것도 없다. 여러분의 열정을
그림과 색으로 표현해 보자.

내 마음이 보이니: 미술치료 워크북

## 땀 흘렸던 시간들

앞만 보고 열심히 달려왔던 열정적인 순간들……. 떠오르는 기억을 글이나 색으로 표현해 보세요.

## 환호성

열정을 담아 외쳐 봅니다. 우리의 삶 속에서 열정적인 순간을 떠올려 글로 표현해 보세요.

## 열정적인 불꽃처럼

펑펑 터지는 불꽃처럼 터질 듯한 마음을 가졌던 기억이 있나요? 그 기억을 떠올려 글이나 색으로 표현해 보세요.

## 플라밍고

열정의 춤 플라밍고입니다. 나의 열정을 색으로 표현해 보세요.

##  뜨거운 무대

무대 위에서 온 힘을 다해 열창하고 있는 가수입니다. 당신에게 있었던 열정의 순간을 생각하며 색으로 표현해 보세요.

## 점 프

뛰고 있는 나의 열정적인 모습을 색으로 표현해 보세요.

# 여덟 번째 ● 아픔

* 사람은 누구나
아픔을 간직하며 살아간다.
크든 작든 그 깊이의 차이는 있겠지만
아픔 없이 살아가는 사람은 아무도 없다.
아플 때는 아픔 자체를 거절할 것이 아니라
내 것으로 받아들여 그 아픔을 이겨 내야 한다.
지금 그 아픔을 이겨 내는 연습을
그림으로 풀어 나가 보자.

내 마음이 보이니: 미술치료 워크북

## 깨진 항아리

조각난 나의 마음을 글이나 색으로 표현해 보세요.

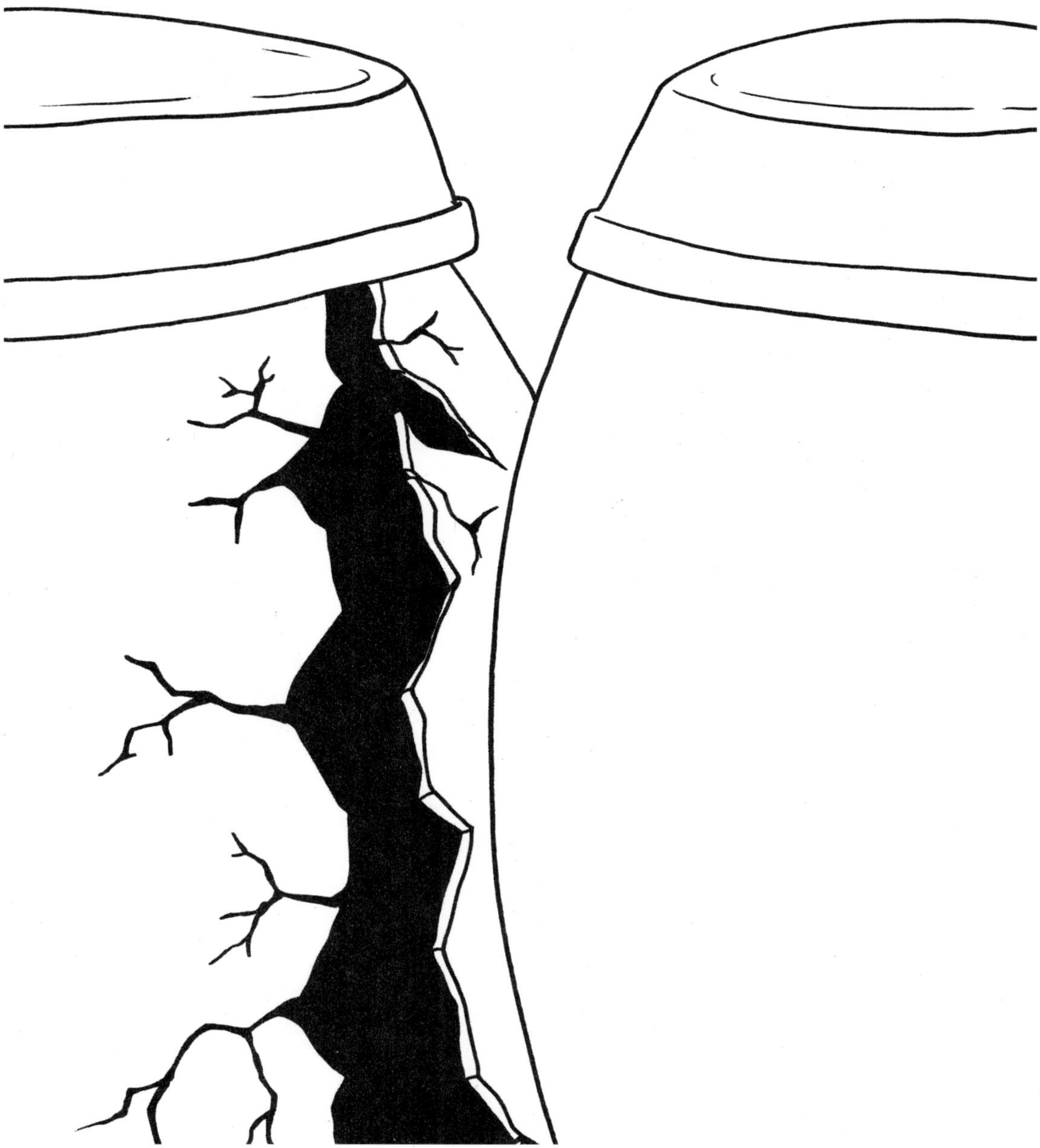

## 아물지 않는 상처

잊으려고 해도 잊히지 않는 상처가 있습니다. 색으로 꾸며 보세요.

## 작은 상처

작은 상처에도 마음이 아픕니다. 당신의 작은 상처를 글이나 색으로 표현해 보세요.

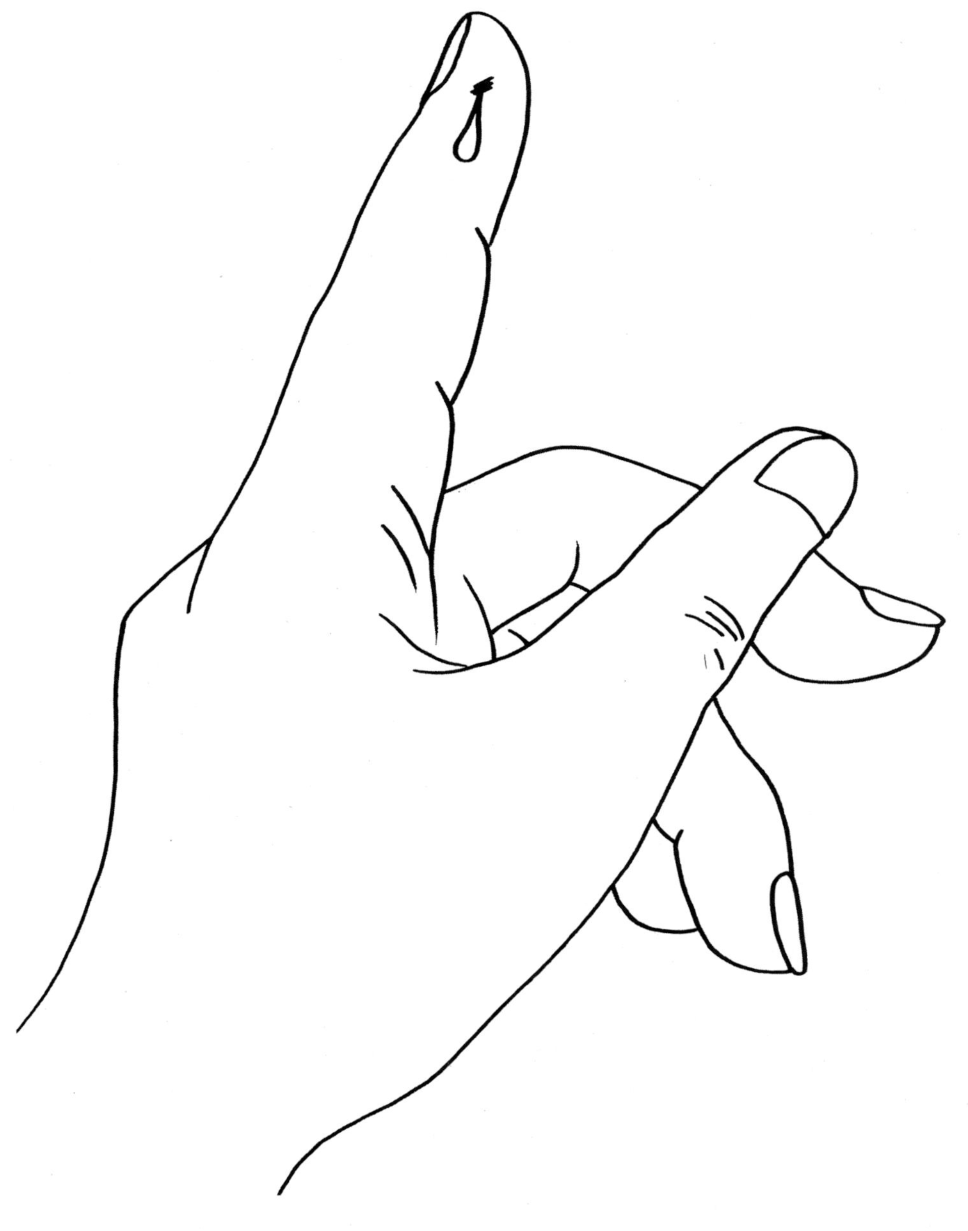

## 무 덤

땅속에 묻고 싶은 것은 무엇인가요? 색이나 그림으로 표현해 보세요.

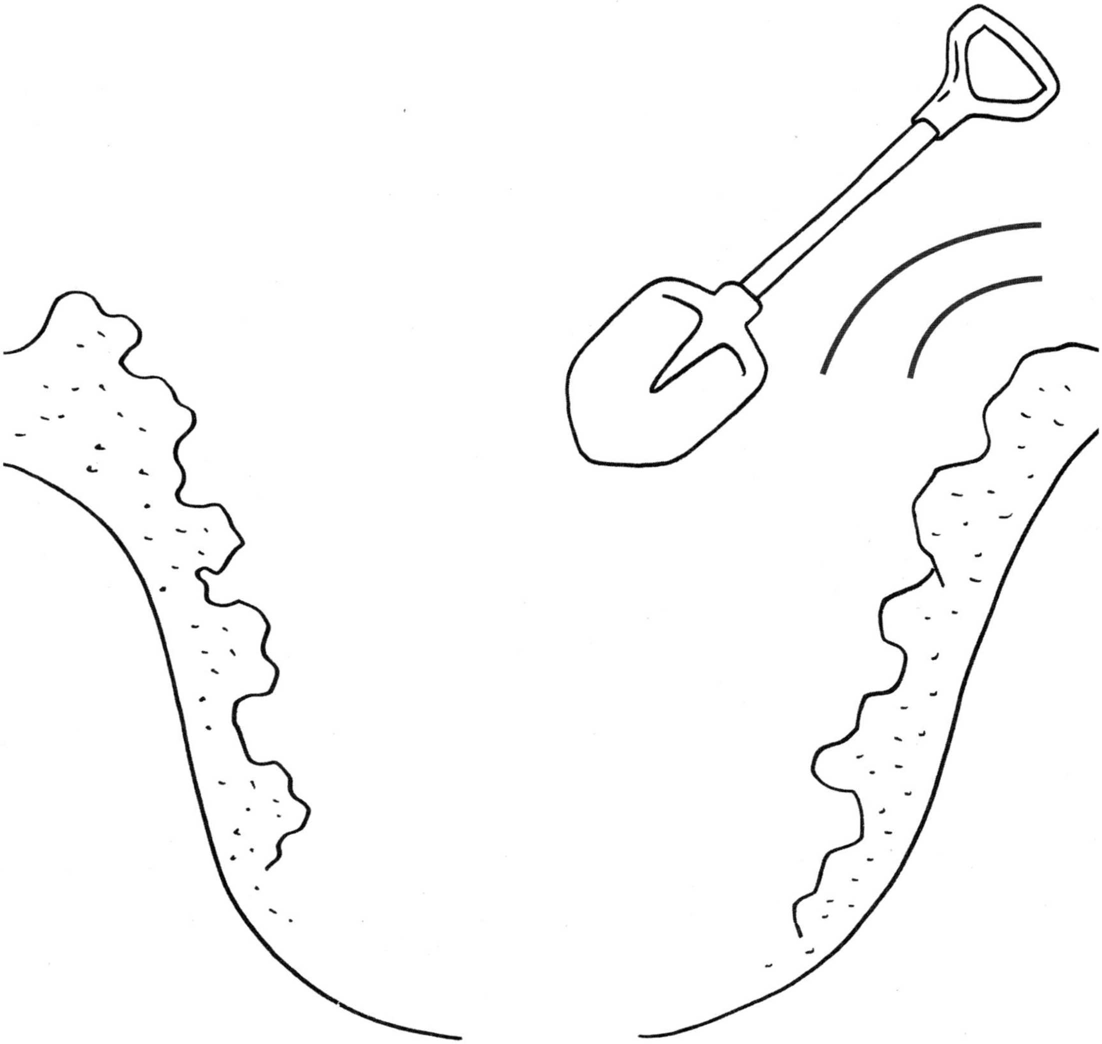

## 삭제

내 마음속에 Delete 키를 누르고 싶은 것들을 생각해 보세요. 그것들을 글이나 색으로 마음껏 표현해 보세요.

## 내 마음의 짐

나의 마음속에는 무거운 짐들이 있습니다. 내 마음의 짐을 글이나 색으로 표현해 보세요.

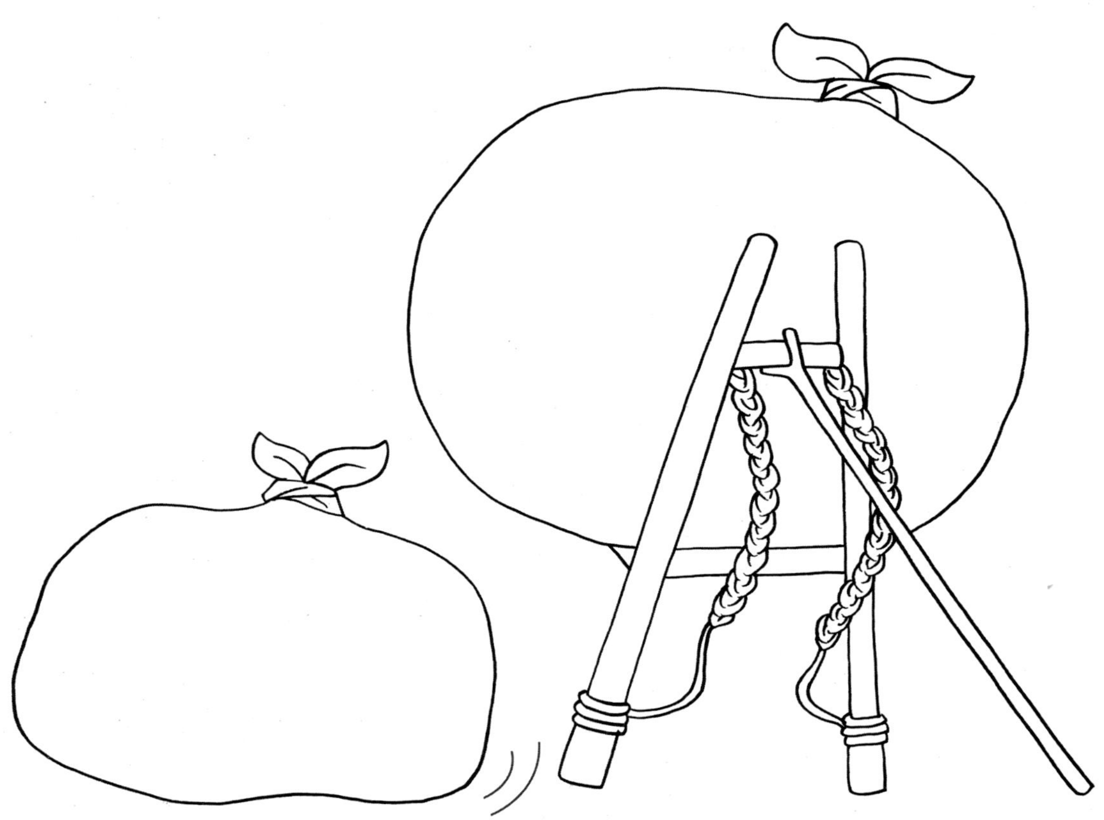

## 부수고 싶은 것

부숴 버리고 싶은 것을 색으로 표현해 보세요.

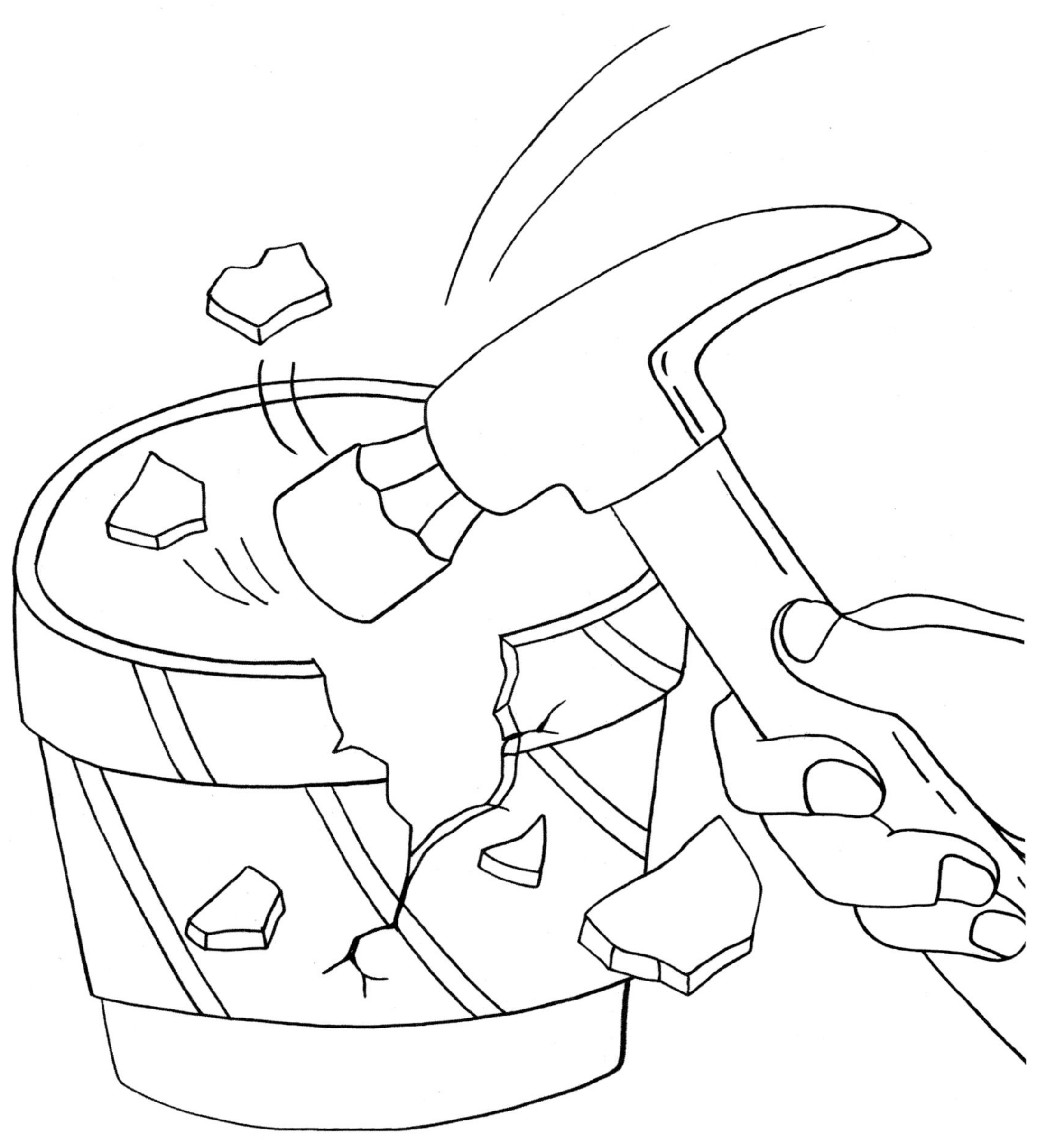

## 떠나보내기

내 마음을 힘들게 하는 모든 것을 아주 먼 곳으로 보내려고 합니다. 나의 마음을 그림으로 표현해 보세요.

## 태워 버리기

마음속에서 태우고 싶은 것을 색이나 글로 표현해 보세요.

## 휴지통

마음속의 휴지통입니다. 당신이 버리고 싶은 것을 그림으로 표현해 보세요.

## 씻어 말리기

내 마음에서 씻어 버리고 싶은 것을 색이나 그림으로 꾸며 보세요.

## 잘라 버리기

가위로 잘라 버리고 싶은 것을 색이나 글로 표현해 보세요.

## 날려 보내기

후~ 날려 버리고 싶은 것을 그림으로 꾸며 보세요.

## 아픔

마음이 아픕니다. 당신의 아픈 마음을 색이나 글로 표현해 보세요.

## 상처의 기억

당신은 상처를 받았던 기억이 있나요? 글이나 색으로 표현해 보세요.

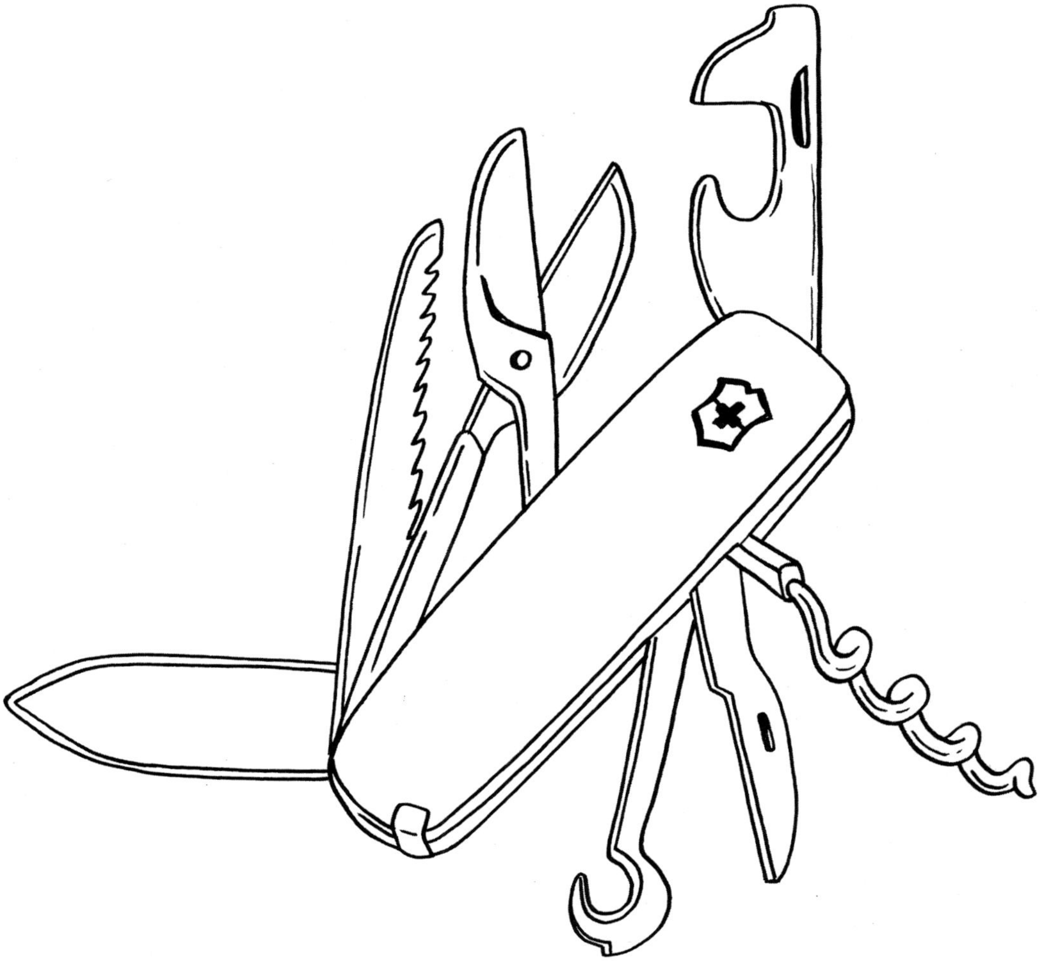

# 아홉 번째 ● 슬픔

* 슬픔은 기쁨과 대응되는
기본적인 정서로 불편한 감정 표현의 하나다.
자신 또는 남의 불행이나 실패의 경험 등
억울한 정서를 의미하며, 일반적으로 사랑, 우정,
의존, 공영의 대상이 없어졌을 때 나타나는 감정이라
할 수 있다. 슬픔은 '깊다/얕다'로 표현되고, 대상이
자신과 관계가 강할수록 슬픔의 정도가 깊어지게
된다. 살아가면서 크고 작은 슬픔의 감정에 놓였던
경험이 있을 것이다. 지금부터 다음에 제시된
도안들을 통해 슬픔의 감정을 표현하고
나눌 수 있는 시간을 가져 보자.

## 슬퍼요 1

오늘은 울고 싶습니다. 이 슬픈 마음을 글이나 색으로 표현해 보세요.

## 슬퍼요 2

마음속에 묻어 두었던 슬픔을 그림이나 색으로 표현해 보세요.

## 달님

당신의 슬픈 마음을 달님에게 전해 보세요. 당신의 마음을 글이나 색으로 꾸며 보세요.

## 내 마음의 비

내 마음의 슬픈 감정을 비로 표현해 보세요.

## 나의 눈물

억울하고 슬픈 감정을 색으로 표현해 보세요.

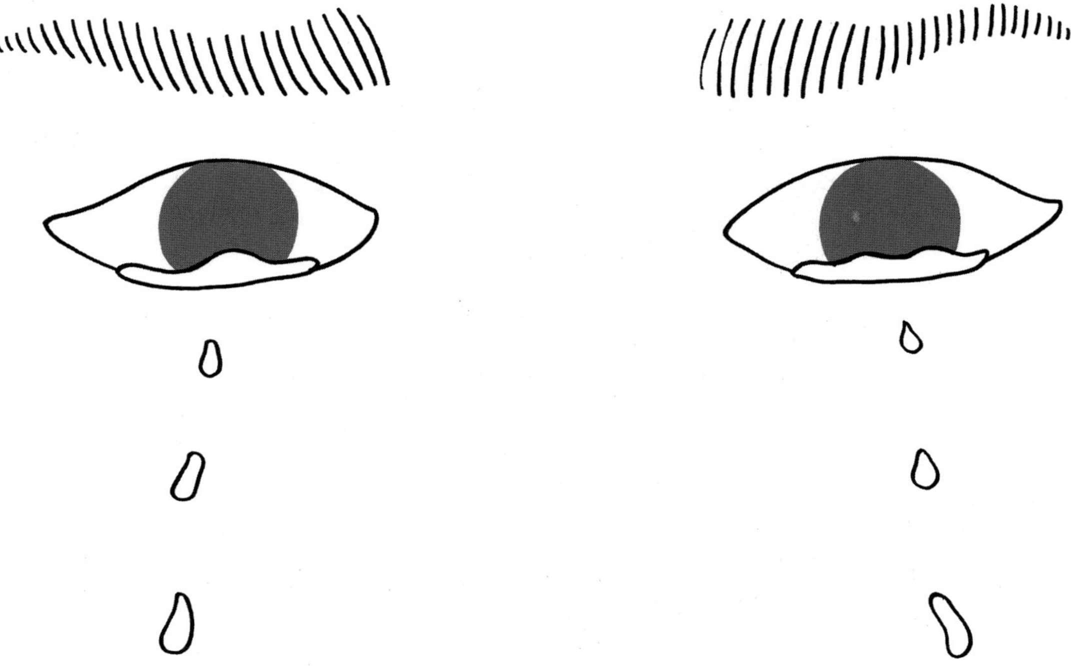

## 슬픈 기억

떨어지는 빗방울을 보니 마음속에 묻어 두었던 슬픈 기억이 떠오릅니다. 당신의 기억에 슬픔으로 남아 있는 것은 무엇이 있나요? 글이나 색으로 표현해 보세요.

# 열 번째 ● 외로움

* 외로움의 사전적 정의는
홀로되어 쓸쓸한 마음이나 느낌을 뜻한다.
사회적 동물인 사람은 항상 외로움을 탄다.
어쩌면 외로움은 평생 없어지지 않는 것인지도
모르겠다. 옆에 아무리 많은 친구와 사랑하는 사람이
있어도 마음속의 외로움은 없어지지 않는다.
단지 내색하지 않거나 익숙해져 버리는 것이다.
다음 그림들을 통해서 외로움이란 감정에
대해 생각해 보고 극복하는 방법을
색과 글을 통해 경험해 보자.

내 마음이 보이니: 미술치료 워크북

##  미운 오리 새끼

혼자 남은 오리는 어떤 생각을 하고 있을까요? 색이나 글로 꾸며 보세요.

## 새 한 마리

가로등 위에 새 한 마리가 홀로 앉아 있습니다. 당신이 이 새라면 어떤 느낌이 드는지 색으로 꾸며 보세요.

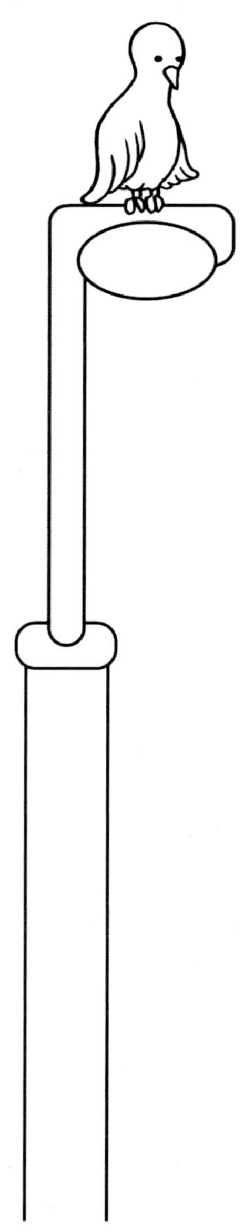

##  어항 속 금붕어

금붕어가 외롭지 않으려면 어떻게 해야 할까요? 어항 그림을 꾸며 보세요.

## 벤 치

당신은 누구와 함께 있고 싶나요? 그림이나 색으로 표현해 보세요.

# 열한 번째 ● 절망

* 삶을 살아가면서
항상 좋은 결과만 얻을 수는 없다.
자신의 능력과 주어진 환경 등 여러 조건으로
인해 실패를 경험하는 경우도 많다.
지금, 그 절망의 기억들을 떠올려 보고
그때의 감정을 그림과 색으로 경험하는
시간을 가져 보자.

내 마음이 보이니: 미술치료 워크북

## 도와주세요

당신이 누군가에게 도움을 청하고 있습니다. 당신은 어떤 도움을 청하고 싶나요? 색으로 표현해 보세요.

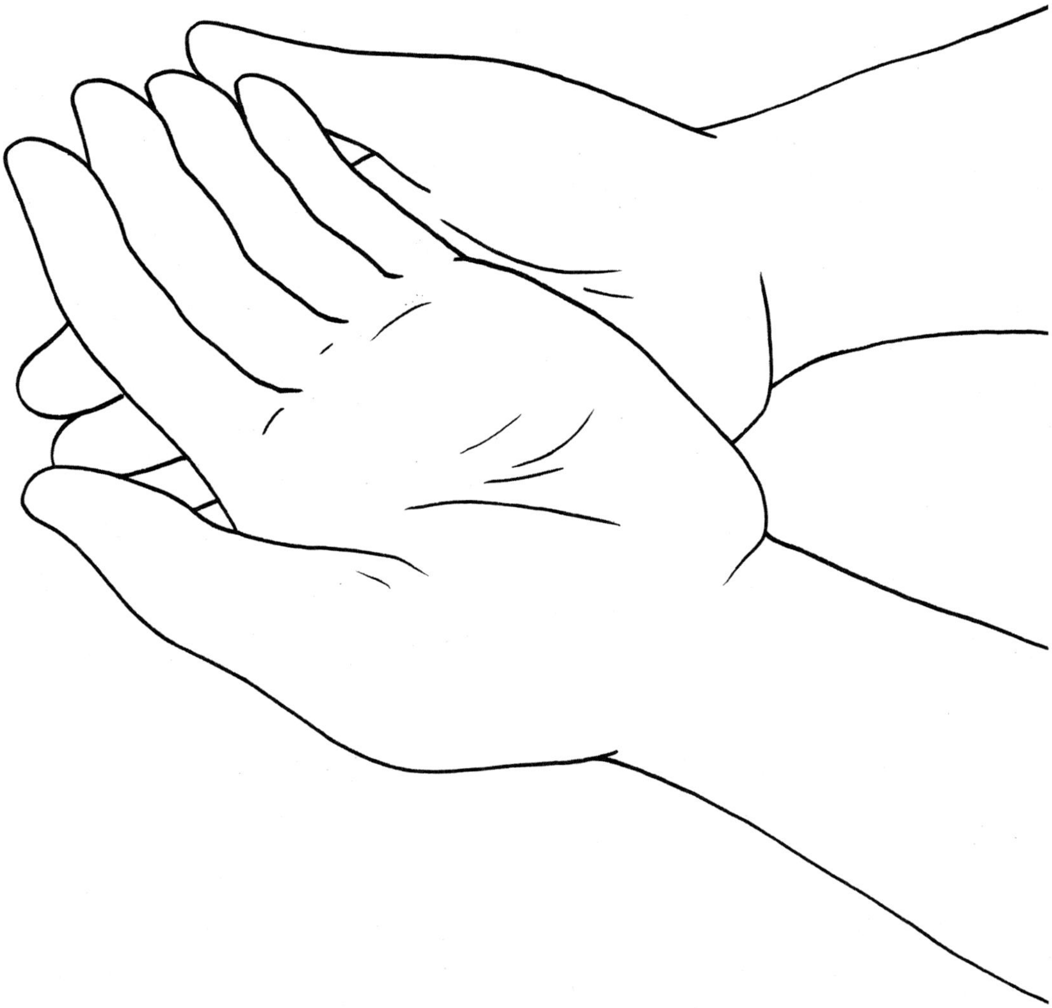

## 홀로 남음

주위에는 아무도 없습니다. 일어설 힘도 없습니다. 느껴지는 생각이나 감정을 글이나 색으로 표현해 보세요.

## 힘없는 뒷모습

고개를 떨어뜨리고 있는 동물의 모습이 측은하기만 합니다. 이 동물에게 무슨 일이 일어난 걸까요? 당신의 생각이나 느낌을 글이나 색으로 표현해 보세요.

## 갇힌 나

나는 절망감에 휩싸여 떨고 있습니다. 나의 마음을 색으로 표현해 보세요.

## 벼랑 끝

벼랑 끝에 서 있는 사람입니다. 이 순간 당신의 느낌은 어떻습니까? 당신의 느낌을 색으로 표현해 보세요.

## 해 골

어떤 상황이 당신에게 절망감을 주나요? 색으로 표현해 보세요.

## 멈춘 심장 박동

기적이 일어나길 바랐건만 심장 박동은 멈추고 말았습니다. 나의 절망감을 글이나 색으로 표현해 보세요.

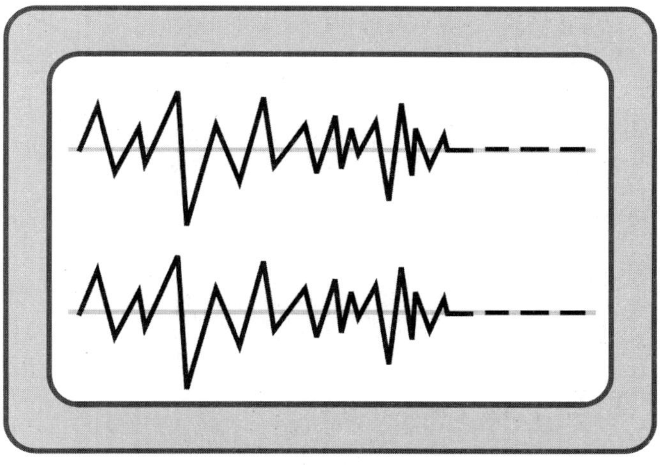

# 열두 번째 ● 분 노

* 분노는 어떤 불평과 불만에 대한
감정적인 표현이다. 이것은 가끔 인간의
이성적인 판단을 흩트려 놓기도 한다.
다음 그림들은 분노하는 마음을 어떻게 표출하고
다스려야 하는지에 대한 실마리를 준다.
그 방법에 대해 생각해 보고 실천해 보자.

## 화난 얼굴

화난 얼굴입니다. 마음껏 표현해 보세요.

## 분노의 말

화가 났습니다. 마음속에 있던 분노의 말들을 외쳐 보세요.

## 분노의 화산

당신의 분노 발산을 색으로 표현해 보세요.

## 분노의 주먹

화가 났어요. 분노의 펀치를 색이나 글로 표현해 보세요.

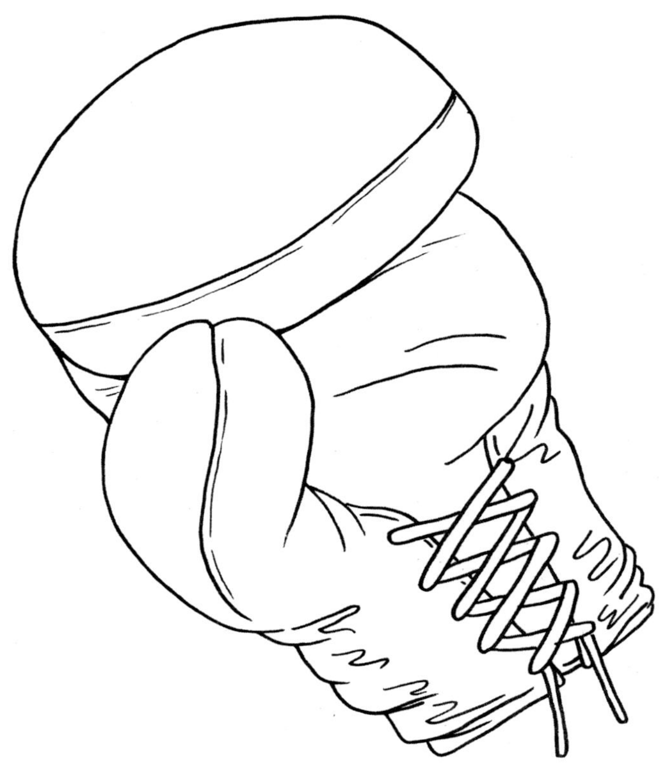

##  분노의 마음

당신의 분노를 색이나 글로 표현해 보세요.

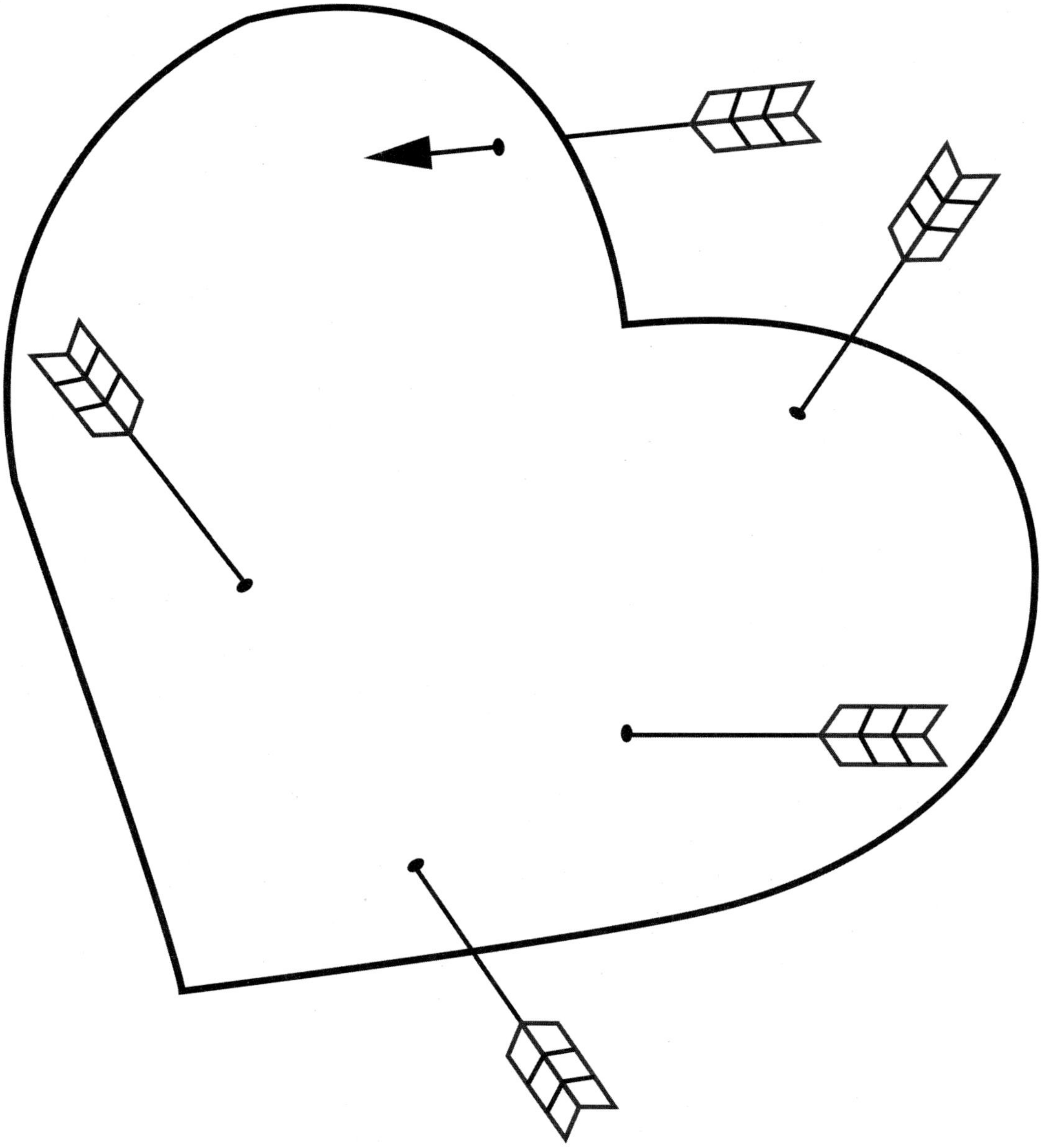

## 외 침

당신의 모든 것이 무너졌습니다. 당신의 억울함이나 분노를 색이나 글로 표현해 보세요.

# 열세 번째 ● 질투

* 질투심은 나의 것을
다른 사람이 가지려고 할 경우에 일어나는
감정이라면, 시기심은 내가 가지지 못한 것을
다른 사람이 가지고 있을 경우 일어나는 감정이다.
질투심과 시기심은 눈을 멀게 만든다.
사실 사람들 사이에 일어나는 문제의 대부분이
질투심과 시기심에서 비롯된 것인지도 모른다.
질투심과 시기심을 잘 다스릴 수 있다면 우리는
행복에 한층 더 가깝게 다가갈 수 있지 않을까?
지금부터 질투심이나 시기심으로
힘들었던 마음을 달래는
시간을 가져 보자.

## 나 혼자 차지하고 싶어요

나 혼자만 갖고 싶은 것은 무엇인가요? 글이나 색으로 표현해 보세요.

##  나만 쳐다보세요 1

내가 좋아하는 친구가 다른 친구와 더 친합니다. 친구들과 나의 모습을 색으로 표현해 보세요.

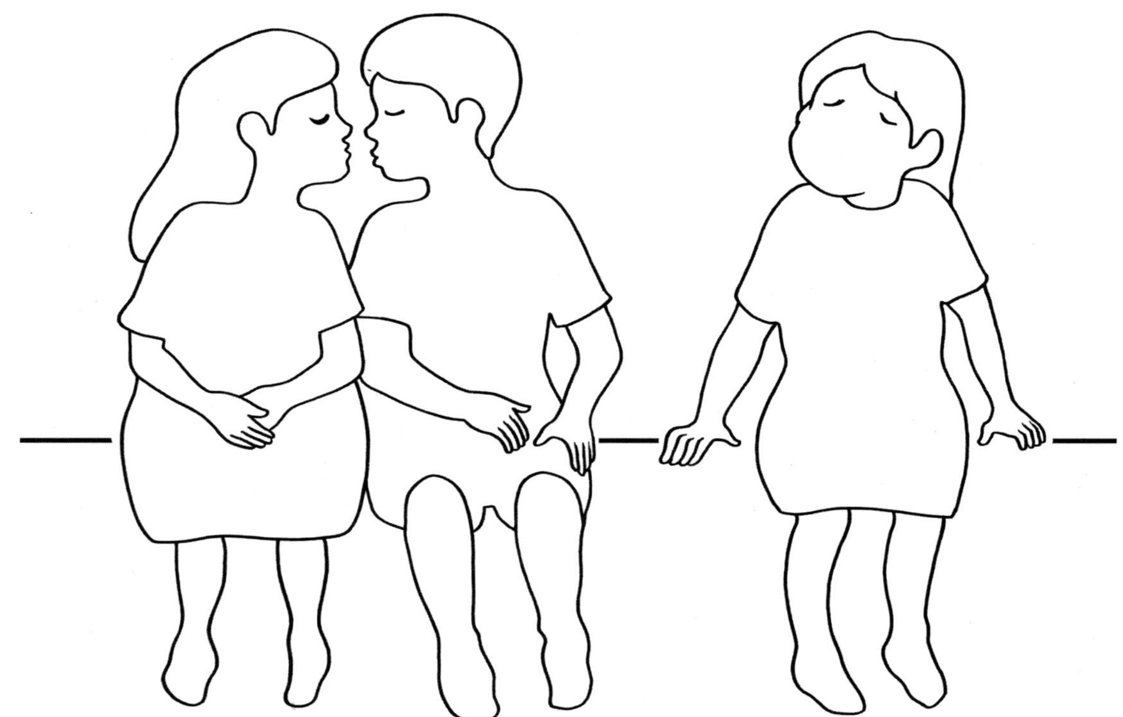

##  나만 쳐다보세요 2

엄마가 나를 더 사랑해 주면 좋겠습니다. 나의 모습을 글이나 색으로 표현해 보세요.

##  동생처럼 되고 싶어요

동생처럼 되고 싶은 형이 있습니다. 동생과 형의 모습을 색으로 표현해 보세요.

# 열네 번째 ● 불 안

* 불안은 마음이
안정되지 못한 상태를 말한다.
아주 심한 경우엔 우울증이라는
마음의 병이 생기기도 한다.
다음 그림들을 통해서 불안한
마음을 색과 그림으로
표현해 보자.

## 괴로워요 1

불안으로 괴로워하는 사람입니다. 당신의 생각을 글이나 색으로 표현해 보세요.

##  괴로워요 2

불안이 겹치고 또 겹치고……. 머리가 터질 지경입니다. 머릿속의 불안들을 글이나 색으로 표현해 보세요.

## 불안 상자

내 마음에는 여러 가지 불안 상자가 있습니다. 가장 큰 상자에 들어 있는 불안을 글이나 색으로 표현해 보세요.

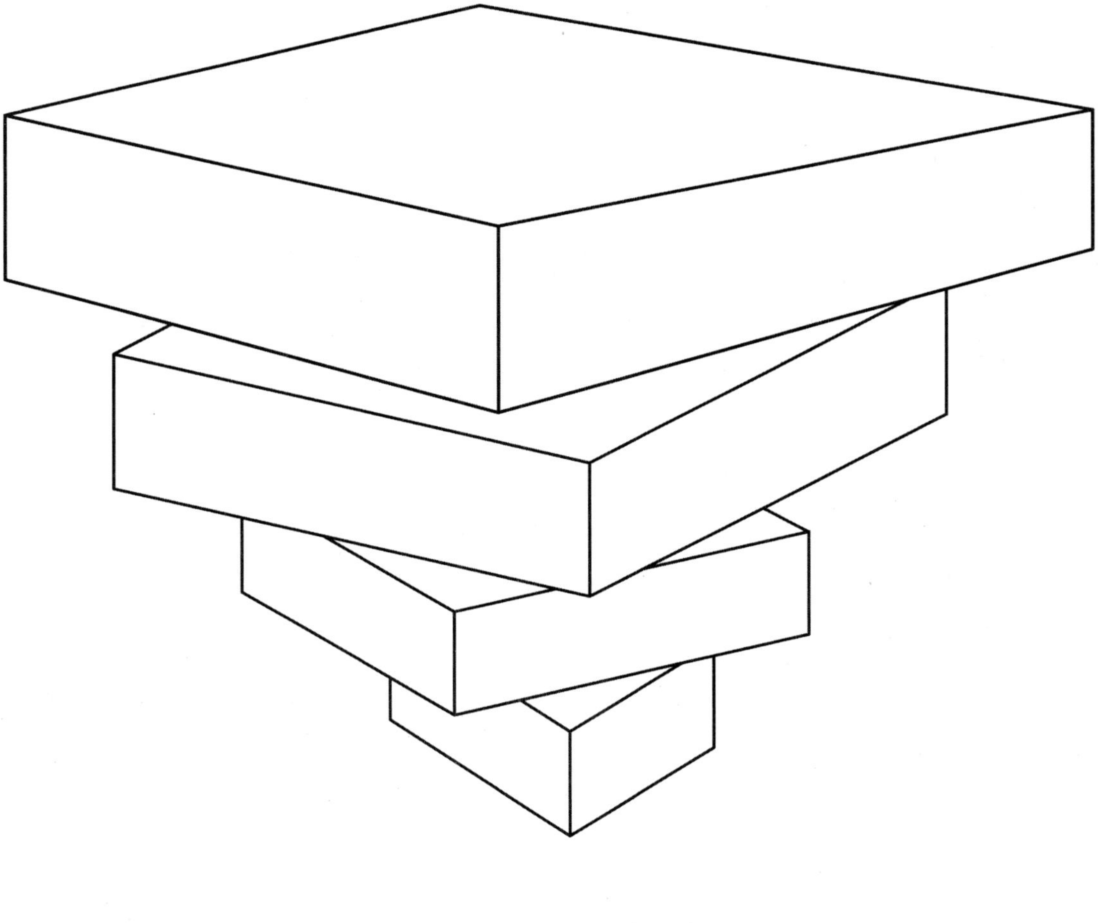

## 심장 박동 소리

나에게 긴장감이란……. 당신의 심장 박동 소리를 색으로 표현해 보세요.

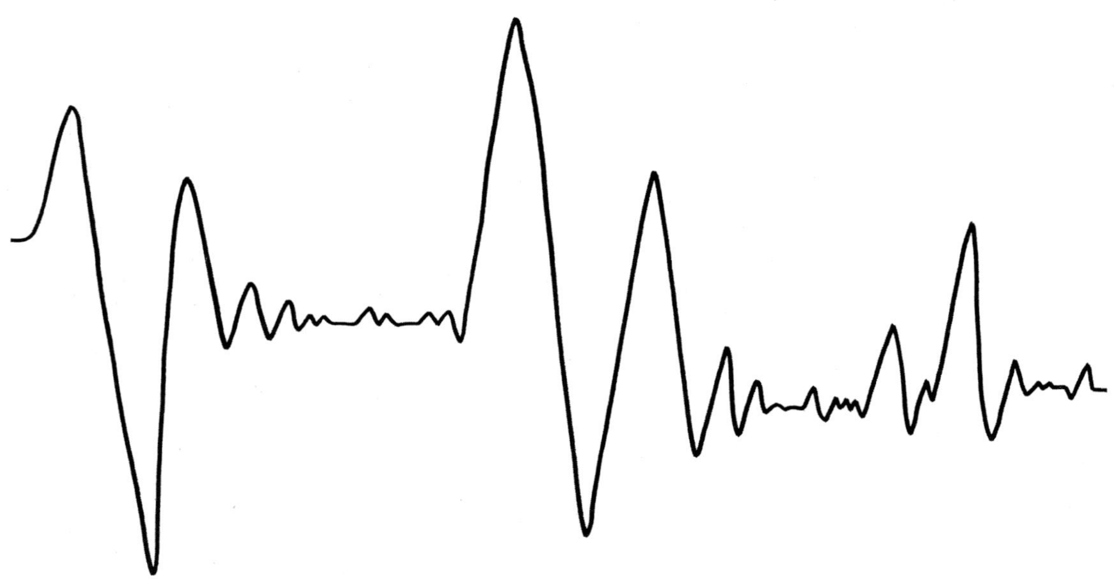

## 살얼음

살얼음을 밟고 있는 긴장된 마음을 색이나 글로 표현해 보세요.

## 끊긴 전화

"두고 보자."라는 말 한마디로 끊긴 전화에 온갖 불안이 밀려옵니다. 당신의 불안한 마음을 글이나 색으로 표현해 보세요.

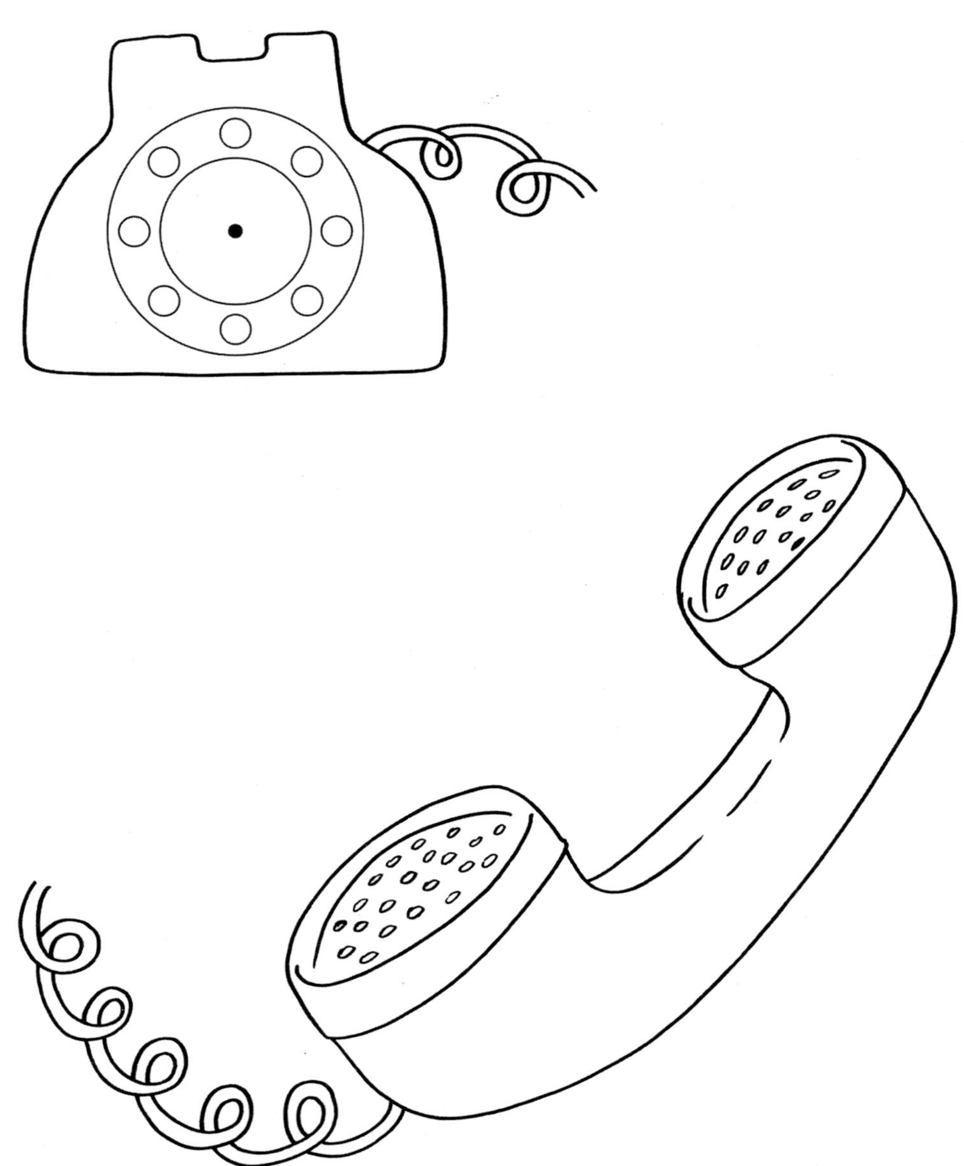

## 회오리바람

회오리바람이 불고 있습니다. 당신의 불안한 마음을 글이나 색으로 표현해 보세요.

# 열다섯 번째 ● 두려움

* 두려움이란 어떤 대상을
무서워하여 마음이 불안하거나
마음에 꺼리고 염려스러운 감정이라 할 수 있다.
우리는 이 감정을 느끼면 대체로
우울하게 되고 판단 능력이 흐려진다.
두려움을 느끼게 되는 이유는 여러 가지가 있겠지만
여기에서는 죽음이나 고통, 외로움 등의
감정에 대해서 생각해 보고 그림과 색으로
표현해 보는 시간을 가져 보자.

## 두려워요 1

바다 한가운데 빠져 허우적대고 있습니다. 나의 두려운 마음을 색으로 표현해 보세요.

## 두려워요 2

지금 이 사람이 당신이라면……. 당신의 마음을 글이나 색으로 표현해 보세요.

## 두려운 순간

고통스러운 순간을 색이나 글로 표현해 보세요.

## 회초리

나에게 두려움이란……. 색이나 글로 표현해 보세요.

##  야구 방망이

어떤 일이 있었던 걸까요? 당신의 감정을 색이나 글로 표현해 보세요.

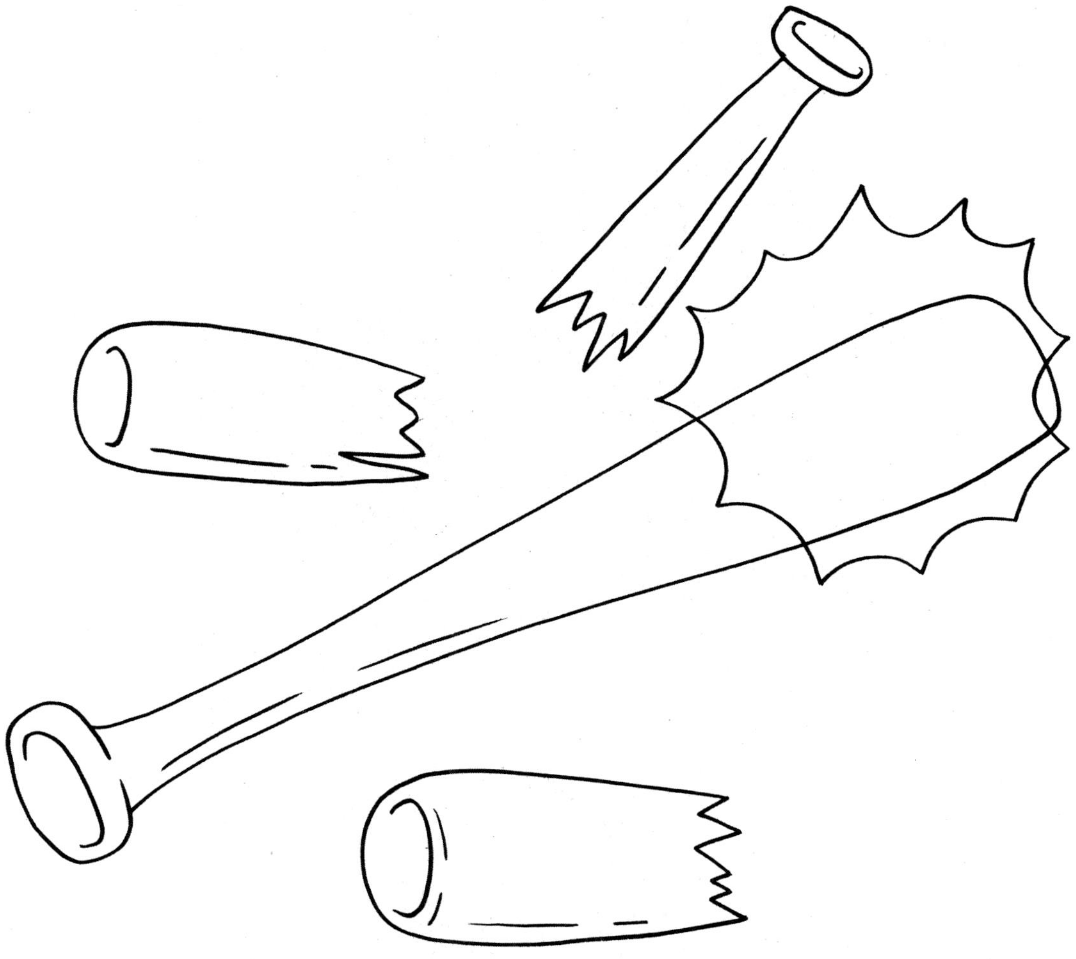

## 동굴 속 박쥐

어떤 상황이 당신을 두렵게 하나요? 색으로 표현해 보세요.

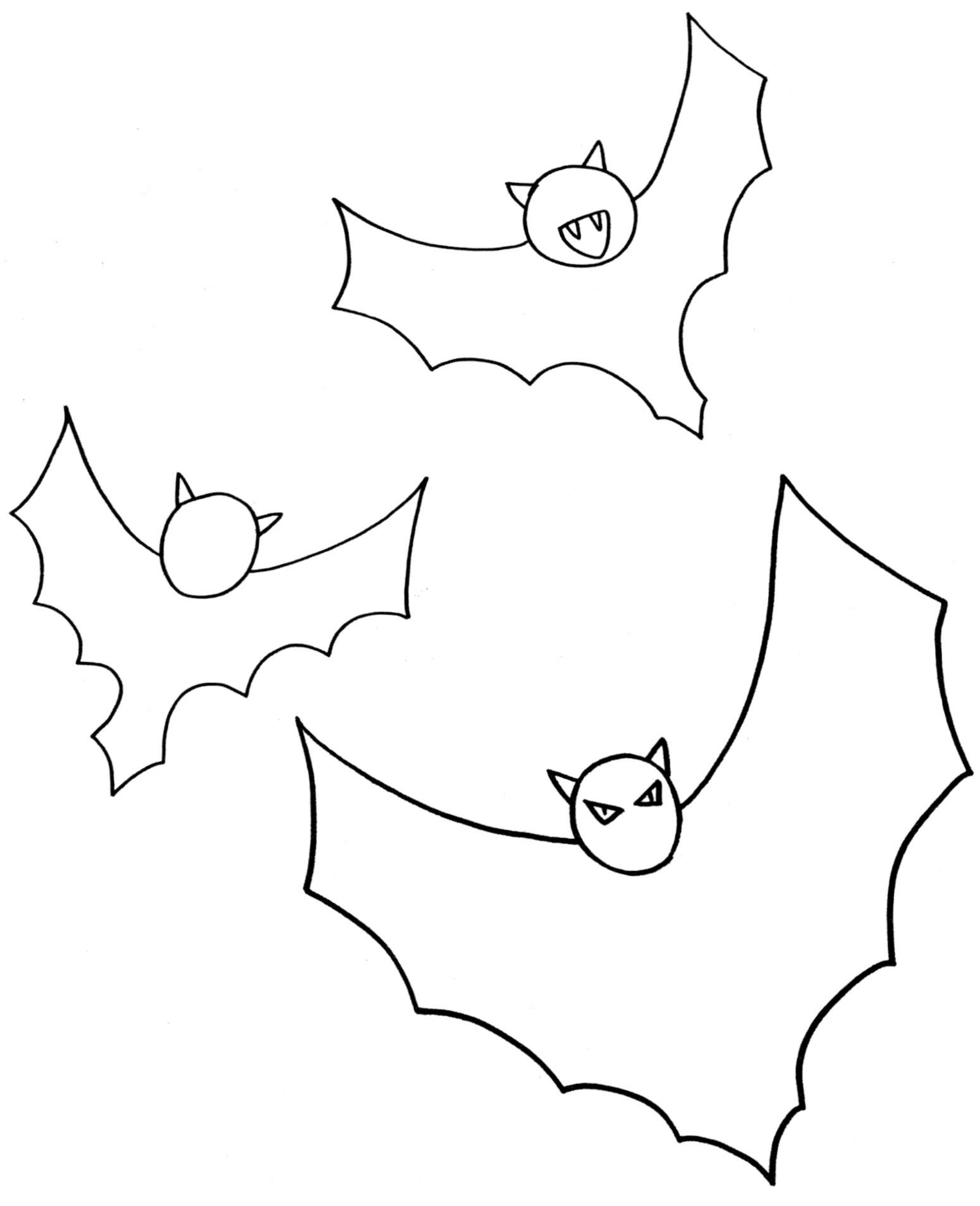

## 두려움의 빛깔

나에게 공포란……. 색이나 글로 표현해 보세요.

## 풍선 불기

긴장되는 순간을 떠올리며 색으로 꾸며 보세요.

## 시한폭탄

폭탄이 터집니다. 당신의 감정을 색이나 글로 표현해 보세요.

# 열여섯 번째 ● 후회

* 후회는 이전에 자신이 내린
결정이 잘못된 것이라고 느끼는 감정이다.
해도 후회, 안 해도 후회되는 일이 있다면
하는 게 좋을까, 하지 않은 게 좋을까?
하고 나서의 후회는 반성을 하게 되어 앞을
내다보게 하지만, 하지 않고 나서의 후회는
미련이 남아 뒤를 돌아보게 한다.
지금, 그 후회되는 기억들을 떠올려 보고
그 감정을 그림과 색으로 경험하는
시간을 가져 보자.

## 엎질러진 물

물을 엎질렀습니다. 엎질러진 물처럼 후회됐던 일을 글이나 색으로 표현해 보세요.

## U턴하고 싶어요

돌아가고 싶었던 순간이 있었나요? 그 순간의 느낌을 색이나 글로 표현해 보세요.

## 시 험

'이럴 줄 알았으면 좀 더 공부할 것을…….' 후회가 됩니다. 당신의 마음을 그림이나 글로 표현해 보세요.

## 지나친 욕심

욕심이 너무 과했네요. 후회하는 당신의 모습을 색이나 글로 표현해 보세요.

## 후 회

'휴, ○○○할 걸…….' 후회하는 당신의 마음을 글이나 색으로 표현해 보세요.

# 열일곱 번째 ● 미안함

* 우리나라에서 미안하다는 말은
줄곧 고맙다는 말과 함께 쓰인다.
다른 나라의 정서는 잘 알지 못하지만
우리나라의 정서는 대개 그렇다. 사람과의
관계에서 미안함은 항상 존재하고 더 가까운
관계 형성을 위해 꼭 필요하기 때문에 그 미안함을
표현하고 받아 주는 것은 아주 중요하다.
다음 그림들을 통해서 '미안함'이란
감정에 대해 생각해 보고
표현해 보자.

## 전하지 못한 내 마음

전하지 못한 미안한 마음을 편지에 담아 당신에게 부치고 싶습니다. 당신의 마음을 색이나 글로 표현해 보세요.

□□□-□□□

□□□-□□□

## 용서하고 싶어요

용서하지 못했던 마음, 용서하고 난 뒤의 마음을 색이나 글로 표현해 보세요.

## 용서받고 싶어요

누군가에게 간절하게 용서를 구하고 싶습니다. 용서받고 싶은 당신의 마음을 글이나 색으로 표현해 보세요.

##  반성문

○○○에게 용서받고 싶은 마음을 그림이나 글로 표현해 보세요.

##  화해해요

"친구야! 미안해." 화해하고 싶은 당신의 마음을 색이나 글로 표현해 보세요.

# 열여덟 번째 ● 답답함

* 답답함이란
마음이 갑갑하다는 말과 같다.
뭔가 막힌 듯해서 어떤 문제에 대한 해결책이
보이지 않을 때 우리는 답답함을 느낀다.
많은 현대인이 복잡해진 사회로 인해
많은 스트레스를 받고 있다.
다음 그림들을 통해서 답답함이란
감정에 대해 생각해 보고
표현해 보자.

## 삶의 저울

무엇 때문에 갈등하고 있나요? 당신의 답답한 심정을 그림이나 글로 표현해 보세요.

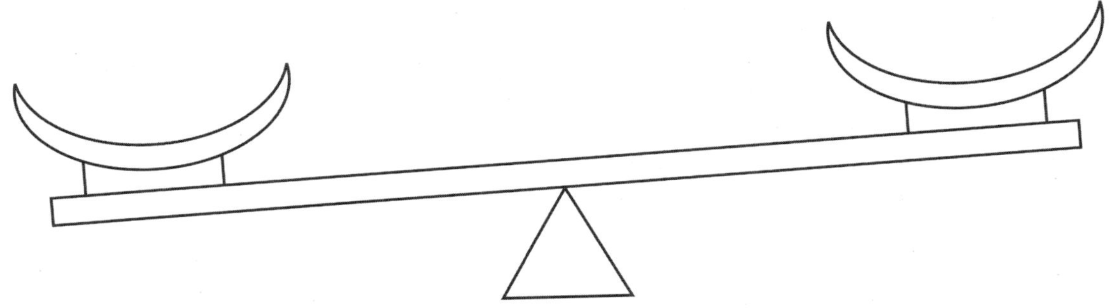

## 자유롭고 싶어요

바람이 불고 있습니다. 나의 답답한 마음을 바람에 날려 보내세요.

## 마음의 여행

어디론가 떠나고 싶어요! 마음의 여행을 마음껏 표현해 보세요.

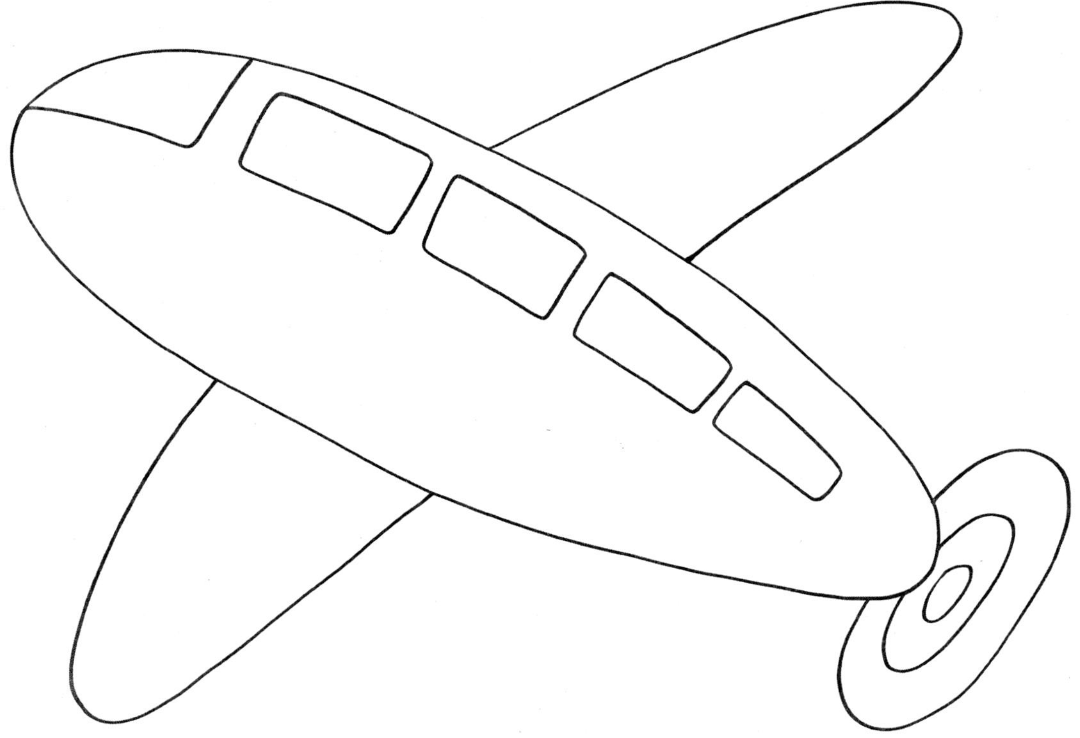

## 하늘 위로

열기구를 타고 아주 높은 곳까지 올라갔어요. 나의 마음을 색이나 글로 표현해 보세요.

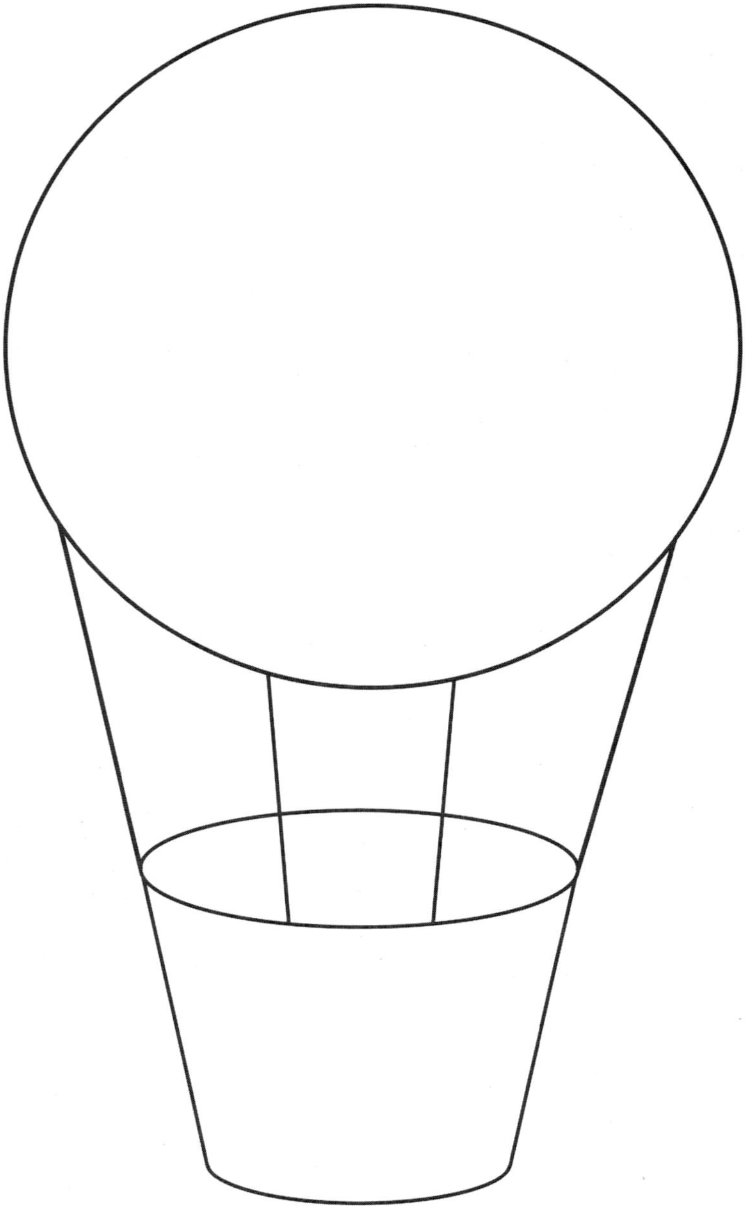

## 나의 손과 발

나의 손과 발로 해결할 수 있는 것들을 색이나 글로 표현해 보세요.

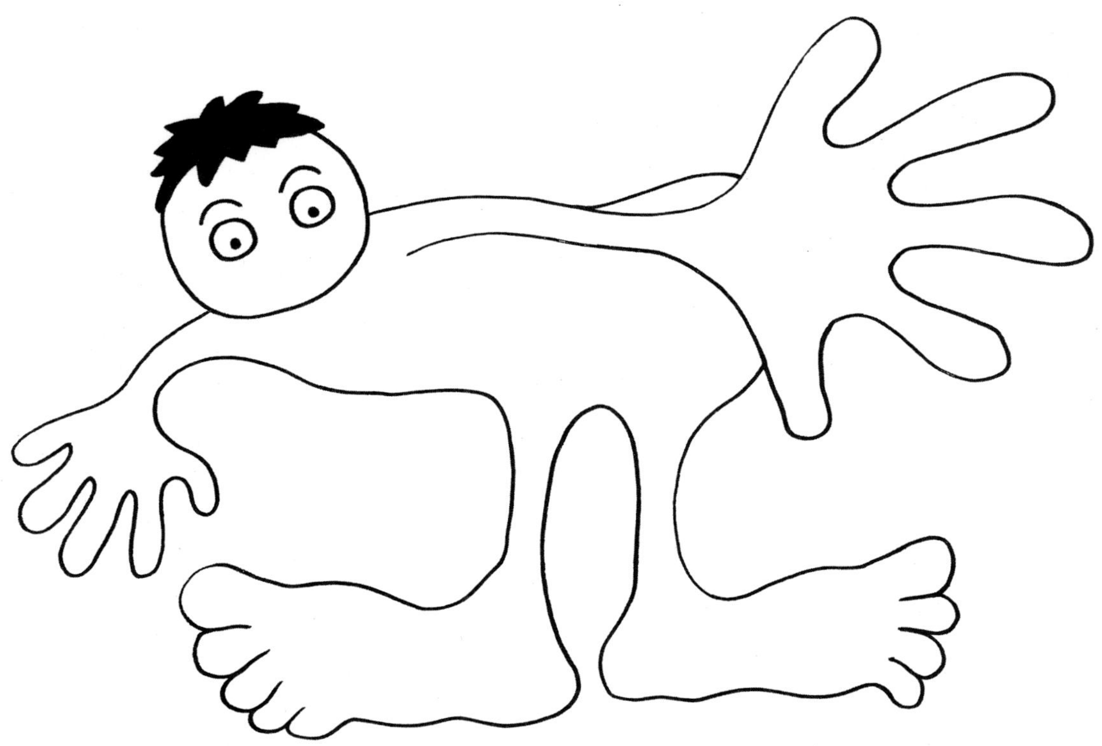

## 나를 가두고 있는 것들

나를 가두고 있는 많은 것을 색이나 글로 표현해 보세요.

# 열아홉 번째 ● 기 타

* 감정이란
어떤 현상이나 사건에 대하여
마음에서 일어나는 느낌이나 기분을 말한다.
앞에 제시한 감정들 이외에 다양한 감정을
그림을 통해 마음껏 체험해 보자.

## 나의 화분

나에게 주는 화분 선물을 색으로 표현해 보세요.

## 나의 화단

나의 화단을 나만의 색으로 꾸며 보세요.

## 모란꽃

모란의 상징은 부귀입니다. '부귀'를 상징하는 색으로 꾸며 보세요.

## 꽃 1

사랑하는 당신에게 바치고 싶습니다. 마음껏 표현해 보세요.

## 꽃 2

사랑하는 당신에게 바치고 싶습니다. 마음껏 표현해 보세요.

## 화투 그림 1

화투 그림을 마음껏 색칠해 보세요.

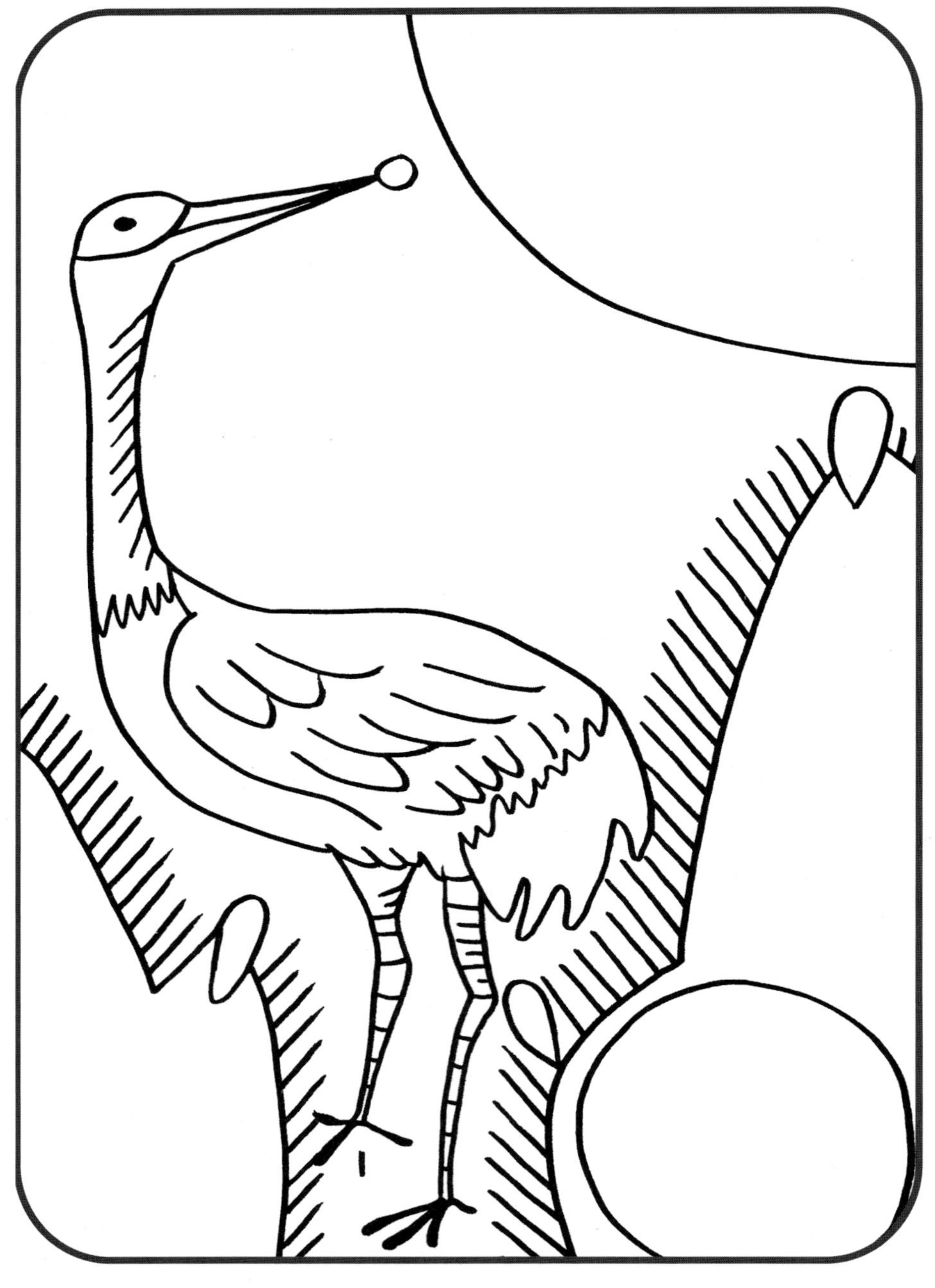

## 화투 그림 2

화투 그림을 마음껏 색칠해 보세요.

## 화투 그림 3

화투 그림을 마음껏 색칠해 보세요.

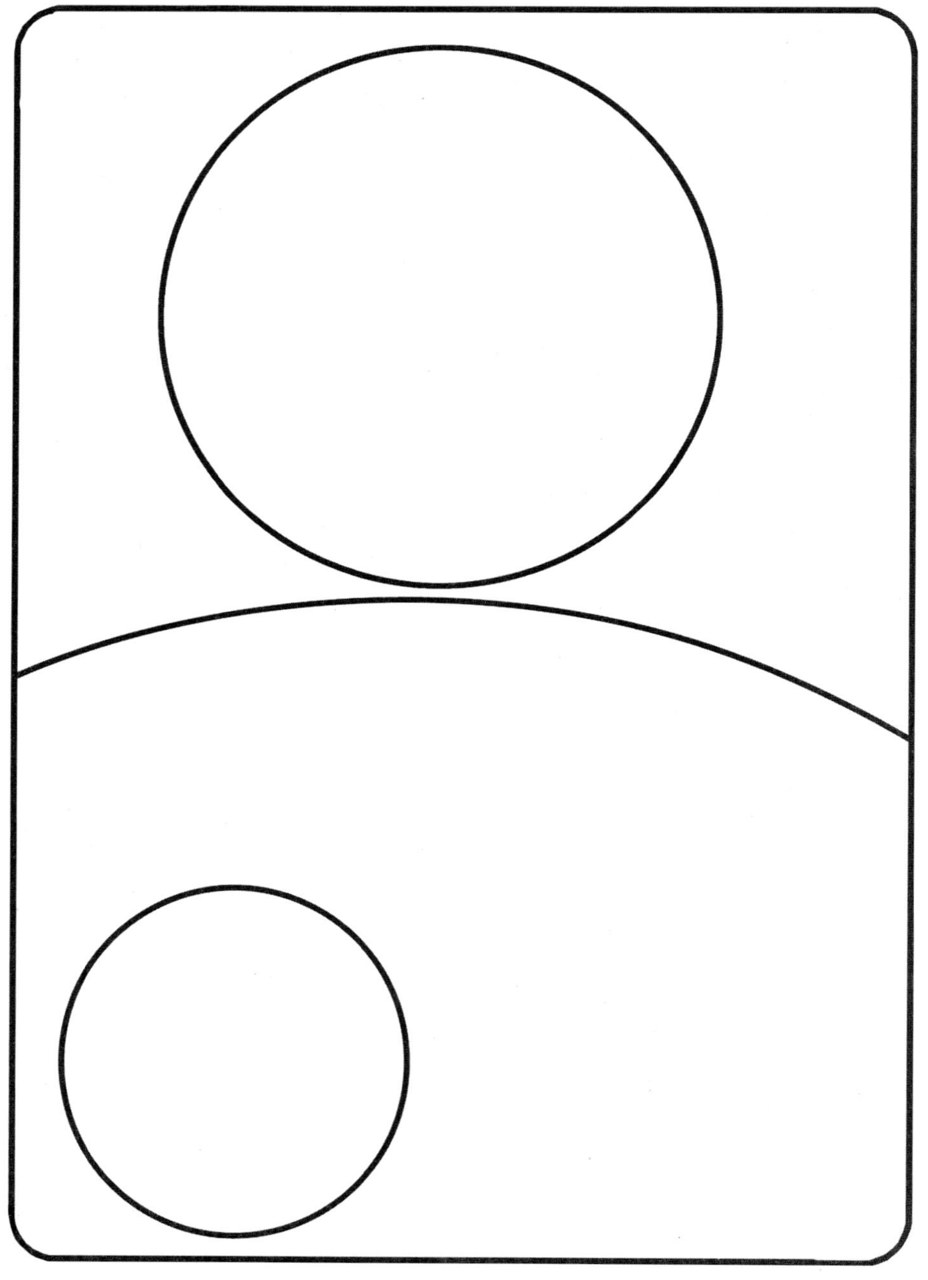

## 화투 그림 4

화투 그림을 마음껏 색칠해 보세요.

## 화투 그림 5

화투 그림을 마음껏 색칠해 보세요.

## 계 획

나의 미래 계획을 글이나 색으로 표현해 보세요.

## 사 랑

당신을 사랑합니다. 사랑하는 마음을 전해 주고 싶은 사람을 생각하며……. 색으로 표현해 보세요.

## 엄마의 배 속

엄마의 배 속을 그림이나 색으로 표현해 보세요.

## 끊어진 기찻길

끊어진 기찻길 아래는 낭떠러지입니다. 이 그림을 보는 당신의 마음을 글이나 색으로 표현해 보세요.

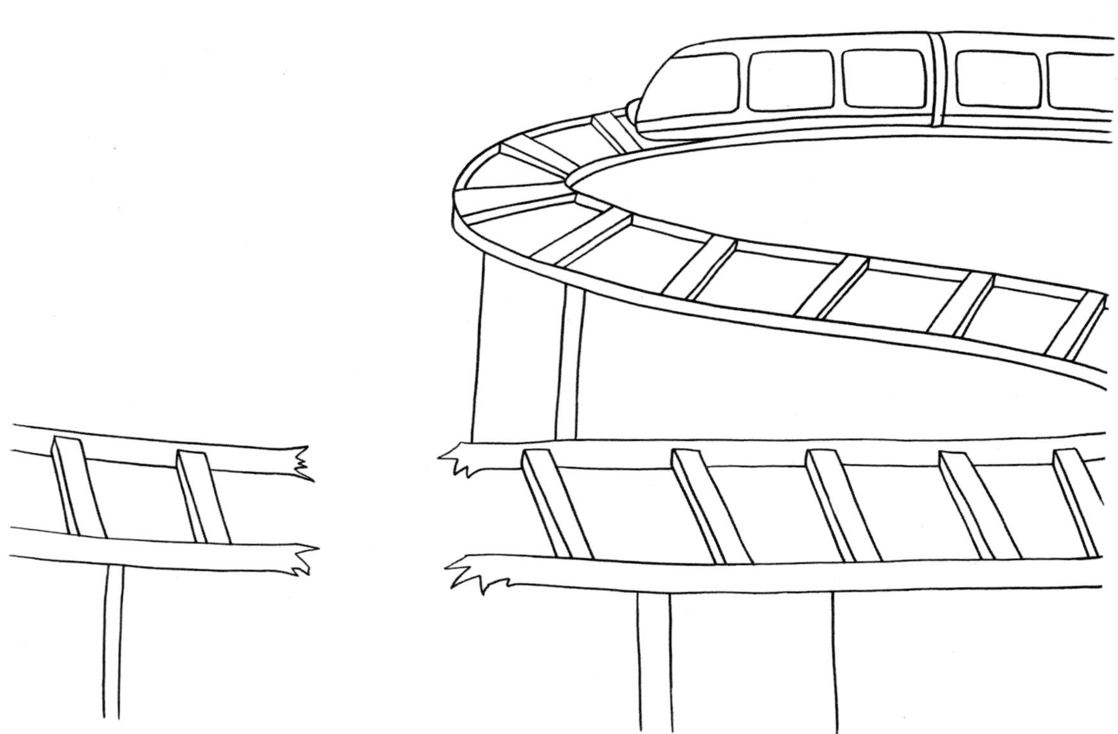

## 질투의 여신

질투의 여신인 헤라의 모습입니다. 당신의 감정을 색으로 표현해 보세요.

## 나 홀로

이 소년은 갈 곳이 없습니다. 이 소년의 생각이나 느낌을 글이나 색으로 표현해 보세요.

## 끊어진 밧줄

'저 밧줄만 잡으면 살 수 있는데…….' 밧줄이 끊어지고 말았습니다. 나의 마음을 그림이나 글로 표현해 보세요.

## 장애물

나를 힘들게 하는 벽을 색이나 글로 표현해 보세요.

## 끝없는 계단

죽을힘을 다해 올라가는데 아직도 목적지는 까마득하기만 합니다. 이제는 지쳐 움직일 수도 없습니다. 지친 당신의 마음을 색으로 표현해 보세요.

## 끝없는 실패

왜 이리 되는 일이 하나도 없을까요? 절망스럽기만 합니다. 그림을 보고 생각나는 일을 글이나 색으로 표현해 보세요.

## 다가오는 추락의 시간

언제 부러질지 모르는 연약한 가지에 몸을 맡기고 있습니다. 발버둥을 치면 칠수록 나뭇가지는 점점 더 휘어져 갑니다. 느껴지는 감정이나 생각을 글이나 색으로 표현해 보세요.

## 나는 오뚝이

나는 오뚝이입니다. 나를 힘들게 하는 것들을 글이나 색으로 표현해 보세요.

## 바 닥

더는 일어날 힘이 남아 있지 않습니다. 나의 심정을 글이나 색으로 표현해 보세요.

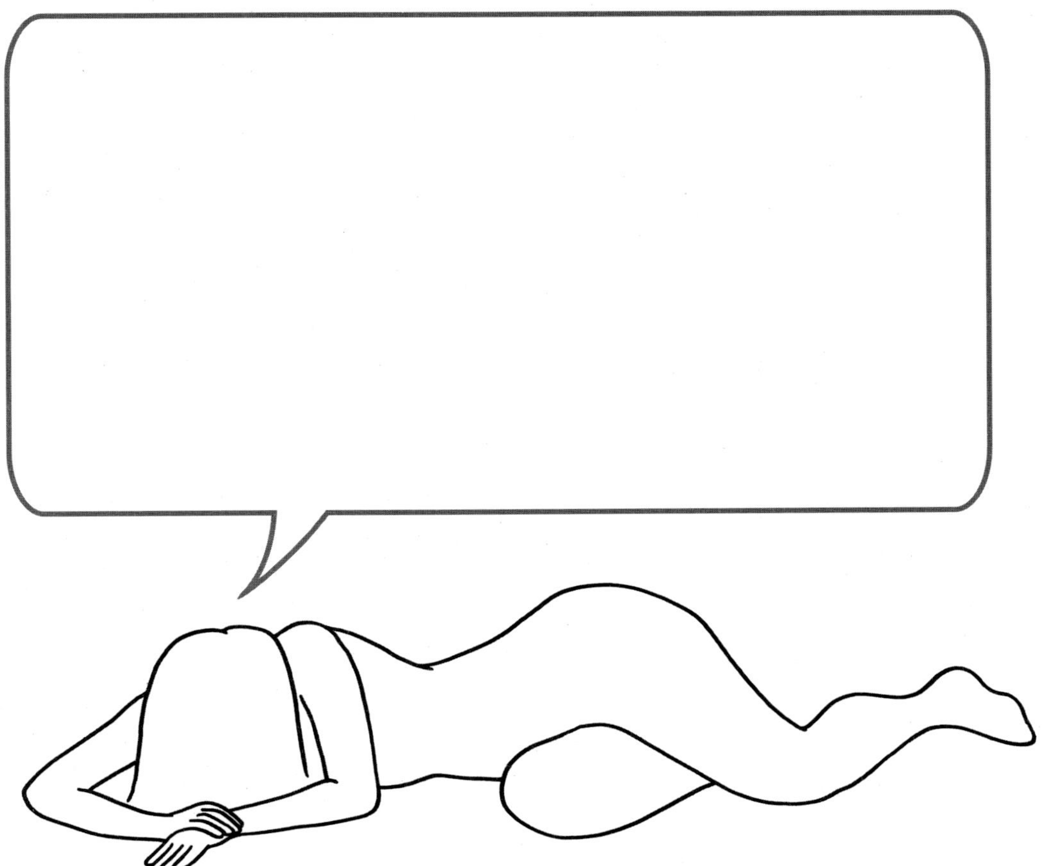

## 그리운 주인

나를 버리고 간 주인이 야속하지만 그래도 보고 싶습니다. 말 못하는 동물의 마음이 어떨까요? 기분이나 생각을 글이나 색으로 표현해 보세요.

## 나의 생일

나의 생일날 즐거웠던 기억을 떠올리며, 생일 케이크를 색으로 꾸며 보세요.

## 나의 계획

나의 계획 케이크입니다. 케이크를 색이나 글로 표현해 보세요.

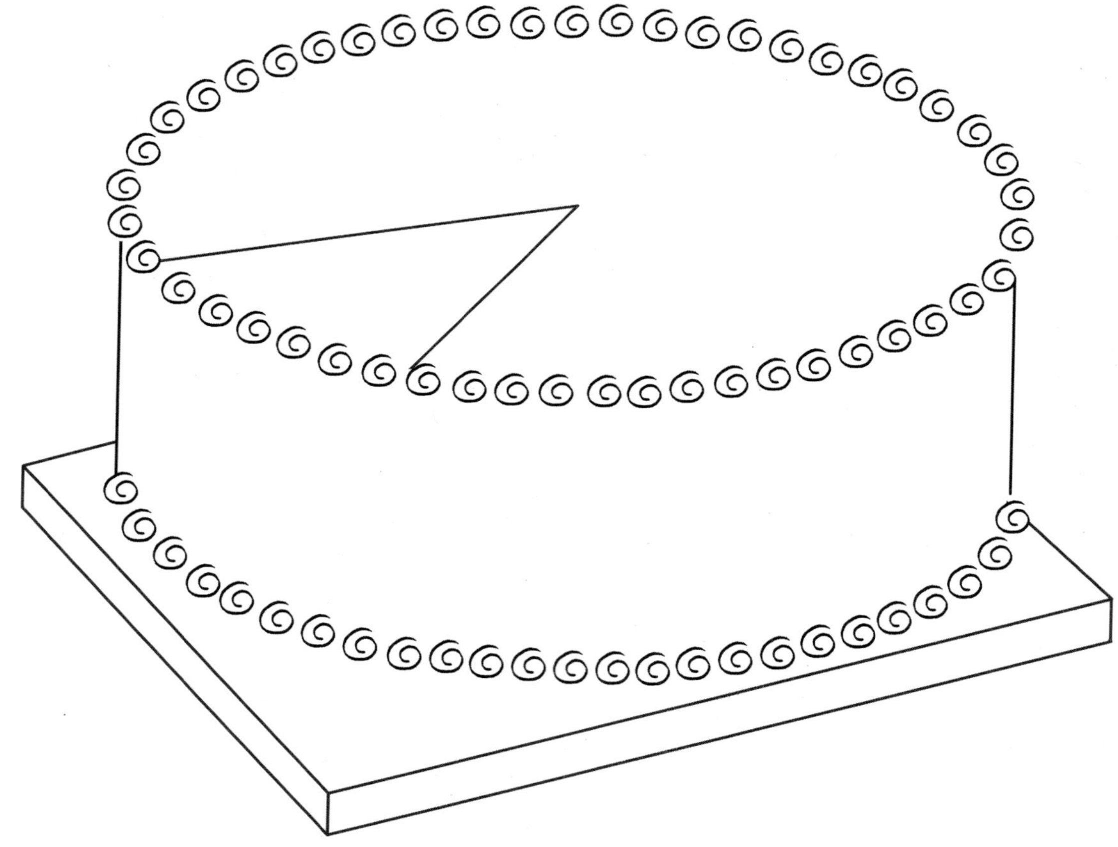

## 저자 소개


### 최외선

전 영남대학교 환경보건대학원장
한국미술치료학회 회장
현 한국미술치료학회 고문
한국미술치료연구소 소장
수련감독 미술치료 전문가

### 이은주

현 한국미술치료학회 이사
미술치료 전문가
HEART & COLOR(색채심리 수료)
동의대학교 보육상담대학원 강사
신라대학교 미술학과 강사

미·술·치·료·워·크·북

# 내 마음이 보이니

2011년 10월 10일 1판 1쇄 발행
2020년 4월 20일 1판 3쇄 발행

지은이 • 최외선 · 이은주

펴낸이 • 김 진 환

펴낸곳 • (주) 학지사
04031 서울특별시 마포구 양화로 15길 20 마인드월드빌딩 5층

대표전화 • 02) 330-5114 팩스 • 02) 324-2345

등록번호 • 제313-2006-000265호

홈페이지 • http://www.hakjisa.co.kr
페이스북 • https://www.facebook.com/hakjisabook

ISBN 978-89-6330-744-2 93180

정가 **15,000**원

저자와의 협약으로 인지는 생략합니다.
파본은 구입처에서 교환하여 드립니다.

## 미술치료학개론

영남대학교 미술치료연구회 편
최외선 · 기정희 · 김갑숙 · 김경식 · 김미향
김애희 · 김양숙 · 김정미 · 김종희 · 김현자
노현미 · 서소희 · 신영희 · 이철우 · 이황은
장혜경 · 정남희 · 정은주 · 지혜정 · 최윤숙
한소선 · 황선영 공저

2011년
4×6배판 · 반양장 · 472면 · 24,000원
ISBN 978-89-6330-656-8 93180

## 학대받은 아동을 위한 미술치료

Cathy A. Malchiodi 저
이재연 · 홍은주 · 이지현 공역

2006년
크라운판 · 반양장 · 296면 · 14,000원
ISBN 978-89-5891-215-6 93180

## 미술치료의 이해

-이론과 실제-

정여주 저

2003년
크라운판 · 반양장 · 384면 · 14,000원
ISBN 978-89-7548-816-0 93180

## 노인미술치료

정여주 저

2006년
신국판 · 반양장 · 280면 · 14,000원
ISBN 978-89-5891-337-5 93180

## 실제 적용 중심의 미술치료

정현희 저

2006년
4×6배판변형 · 반양장 · 420면 · 20,000원
ISBN 978-89-5891-293-4 93180

## 가족미술심리치료

Helen B. Landgarten 저
김진숙 역

2004년
크라운판 · 반양장 · 396면 · 15,000원
ISBN 978-89-5891-004-6 93180

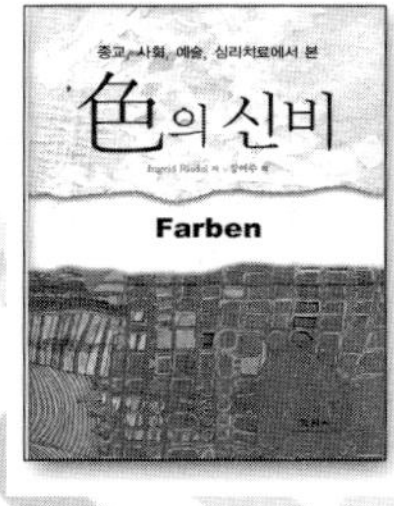

종교, 사회, 예술, 심리치료에서 본

## 색의 신비

Ingrid Riedel 저
정여주 역

2004년
크라운판 · 양장 · 372면 · 18,000원
ISBN 978-89-7548-175-8 03600

## 미술에서 치료까지 그림 그리기의 치유력

Werner Kraus 저
김미선 역

2005년
신국판 · 반양장 · 216면 · 11,000원
ISBN 978-89-5891-186-9 03180

미술치료사를 위한

## 아동미술심리 이해

Cathy A. Malchiodi 저
김동연 · 이재연 · 홍은주 공역

2001년
신국판 · 반양장 · 368면 · 13,000원
ISBN 978-89-6330-516-5 93180

사별의 슬픔을 극복한
창조적 그림그리기

## 치유로서의 그림

Christa Henzler · Ingrid Riedel 공저
정여주 역

2006년
신국판 · 양장 · 256면 · 14,000원
ISBN 978-89-5891-207-1 93180

융 관점에서 본
## 임종환자들의 그림

Yvonne Barnthouse Williams 저
강차연 · 장연집 공역

2006년
신국판 · 반양장 · 318면 · 13,000원
ISBN 978-89-5891-138-8 93180

## 샤머니즘과 예술치료
-치유과정의 심층심리학적 은유-

김진숙 저

2010년
신국판 · 반양장 · 328면 · 14,000원
ISBN 978-89-6330-245-4 93180

## 범죄자를 위한 미술치료

Marian Liebmann 편저
최은영 · 이은혜 공역

2011년
크라운판 · 반양장 · 432면 · 18,000원
ISBN 978-89-6330-594-3 93180

## 동서 의학과 동서 미술치료

전세일 · 김선현 공저

2009년
4×6배판변형 · 양장 · 432면 · 22,000원
ISBN 978-89-93510-93-5 93180

상담자, 심리치료사, 사회복지사, 교사를 위한
## 콜라주 미술치료

이근매 · 아오키 도모코 공저

2010년
4×6배판변형 · 반양장 · 304면 · 17,000원
ISBN 978-89-6330-178-5 93180

루돌프 슈타이너의
## 인지학 예술치료

Eva Mees-Christeller 저
정정순 · 정여주 공역

2004년
4×6판 · 양장 · 144면 · 10,000원
ISBN 978-89-7548-170-3 03180

## 그림 속 우울과 공격성
-재미난 DAS 이야기-

Rawley Silver 편저
주리애 역

2009년
신국판 · 반양장 · 248면 · 13,000원
ISBN 978-89-6330-237-9 93180

미술치료에 나타나는 정신역동적 관점
## 그림 속의 나

Gisela Schmeer 저
정여주 · 김정애 공역

2004년
신국판 · 반양장 · 260면 · 13,000원
ISBN 978-89-7548-985-3 93180

## 사이버 미술치료
-미술치료와 컴퓨터 테크놀로지-

Cathy A. Malchiodi 저
오연주 · 길지호 공역

2011년
신국판 · 반양장 · 264면 · 13,000원
ISBN 978-89-6330-597-4 93180

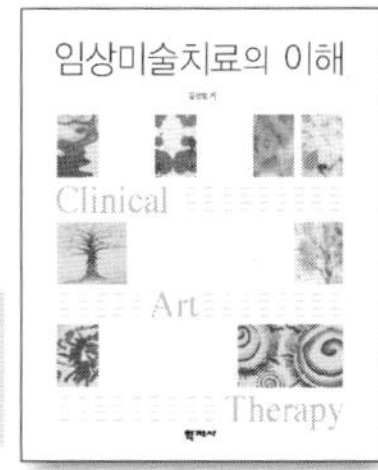

## 임상미술치료의 이해

김선현 저

2006년
4×6배판변형 · 반양장 · 376면 · 20,000원
ISBN 978-89-5891-372-6 93180